仕事の思想

なぜ我々は働くのか

田坂広志

PHP文庫

○本表紙図柄＝ロゼッタ・ストーン（大英博物館蔵）
○本表紙デザイン＋紋章＝上田晃郷

はじめに

なぜ我々は働くのか

私が、新入社員として、民間企業に入社したころのことです。

その年に入社した新入社員たちは、各地にある工場に分かれて配属になり、半年間の新人研修を受けました。

その新人研修のころのことは、すべてが懐かしい思い出ですが、そのなかでも、最初に給料袋をもらったときのことが、深く印象に残っています。

新入社員一人ひとりが、初めての給料袋を手渡されて食堂に戻り、顔を合わせたとき、仲間の一人のY君が給料袋を見つめながらつぶやいたのです。

「ああ、これで、自分の人生を会社に売り渡したのか……」

この言葉に、仲間の多くは、思わず笑い声を上げました。
たわいもない冗談だと思ったのでしょう。
しかし、私は内心、笑えませんでした。
なぜならば、彼の真剣な気持ちが伝わってきたからです。

Y君は、大学時代、演劇の世界に没頭し、
できることならば演劇の道を歩みたいという夢を持っていたのです。
しかし、そうした青春の夢も現実の壁に突き当たり、
彼は結局、民間企業への就職という道を選んだのでした。
私は、入社以来、このY君から、社員寮の部屋で夜遅くまで
そうした話を聞かせてもらっていました。
だから、私は、彼の気持ちがわかるような気がしたのです。
そして、そこには、私自身の気持ちも重なっていたように思います。

しかし、こうしたY君のような気持ちは、多かれ少なかれ、
誰しも、就職に際して抱いたことがあるのではないでしょうか。

誰しも、青春時代には夢を描きます。
自分の将来に夢を描き、そうした道を歩むことを願います。
しかし、自由な学生生活も終わりに近づき、就職という時期を迎えるとき、
その「青春の夢」を追い続けるのか、それとも、現実を理解して
「大人の道」を歩むのかの選択を迫られます。
そして、その青春の夢をあきらめ、大人の道を選んだとき、
その夢が大きければ大きいほど、深い挫折感を味わうのでしょう。
このY君のつぶやきは、そうした挫折感の溜め息でもありました。

もちろん、Y君のような挫折感を感じることなく就職する人もいるでしょう。
就職というものに夢を描き、自分の希望する企業に入社することができた人です。
しかし、こうした幸せな人にとっても、かならず挫折感はやってきます。
なぜならば、希望したはずの会社で仕事を始めると、
就職前には見えていなかった現実の厳しさが見えてくるからです。
ときには、その会社でやりたかった仕事がやらせてもらえず、
やりたくない仕事をやらされることもあるでしょう。

また、やりたかった仕事をやらせてもらっても、思ったようには仕事が進まないということもあるでしょう。

そうした意味では、就職して実社会で働くということは、多くの場合、青春時代に描いた夢が破れるということであり、志した目標が挫折するということでもあります。

そして、夢破れ、目標を失ったとき、私たちのこころに浮かぶのは、次の問いです。

なぜ我々は働くのか。

その問いです。

もちろん、この問いに対して、「飯を食うため」という素朴な答えがあることは、たしかです。しかし、この答えに納得してしまえる人は、かならずしも多くはないでしょう。なぜならば、そうして飯を食うために働いている時間もまた、まぎれもなく、私たちの人生における、かけがえのない時間だからです。

だから、私たちは、Y君の

「ああ、これで、自分の人生を会社に売り渡したのか……」という言葉に、

ささやかな共感をおぼえるのです。

もちろん、いまどき、実際に、

社員の人生を給料で買ったと思う企業はありません。また、

自分の人生を給料で売り渡したと思うビジネスマンも、いないでしょう。

Y君でさえ、本当にそう思っていたわけではないのです。

しかし、私たちが油断をすると、気がつけば

「給料で自分の人生を会社に売り渡した」という状態になってしまうことも

たしかなのです。

だから、そうした状態になってしまうことに対する自分自身への警句として、

Y君は、「ああ、これで、自分の人生を会社に売り渡したのか……」と

つぶやいたのでしょう。

そうつぶやくことによって、
決してそうした状態にはならないと、自分自身に言い聞かせたのでしょう。

では、私たちが、「給料で自分の人生を会社に売り渡した」という状態に
なってしまわないためには、どうすればよいのでしょうか。

そのためには、ひとつの問いを、問い続けることです。

なぜ我々は働くのか。

その問いを、胸中深く、問い続けることです。

しかし、この問いに対しては、誰も答えを教えてくれません。
もちろん、職場の先輩や上司に聞けば、
その人なりの答えを、教えてくれるかもしれません。
けれど、その答えは、あくまでも、

その先輩や上司にとっての答えであって、
私たち自身にとっての答えではないのです。

だから、この問いに対しては、
私たち自身の答えを、見出していかなければなりません。

私たち自身が、日々の仕事に取り組みながら、
「自分にとっての答え」を、見つけていかなければならないのです。

このシリーズ・トークは、
この問いを、自分自身の力で問い続けようとする方々のために
開催されました。

「仕事の思想」

それが、このシリーズ・トークのテーマです。

なぜ我々は働くのか。

その問いを、深く問い続けていただくために、

思想　／　現実に流されないための錨《いかり》
成長　／　決して失われることのない報酬
目標　／　成長していくための最高の方法
顧客　／　こころの姿勢を映し出す鏡
共感　／　相手の真実を感じとる力量
格闘　／　人間力を磨くための唯一の道
地位　／　部下の人生に責任を持つ覚悟
友人　／　頂上での再会を約束した人々
仲間　／　仕事が残すもうひとつの作品
未来　／　後生《こしょう》を待ちて今日《こんにち》の務めを果たすとき

というキーワードをとりあげ、全一〇回のシリーズとしてお話ししました。

本書は、その記録です。

最後まで読んでいただければ、幸いです。

田坂広志

一九九九年九月一二日

仕事の思想

目次

はじめに　なぜ我々は働くのか

第三話　目標／成長していくための最高の方法――69

第一話

思想

現実に流されないための錨

ある友人の就職

「仕事の思想」

それが、このシリーズ・トークのテーマです。
しかし、このテーマを聞いて、皆さんのこころのなかには、
次のような疑問が浮かんでいるのではないでしょうか。
そもそも、なぜ、仕事には思想が求められるのか。

そこで、このシリーズ・トークの第一話においては、
まず、そのことについてお話ししましょう。
始めに、私にとって、長くこころに残っている
ひとつのエピソードを紹介させてください。

一九七四年の春のことです。私が大学の卒業を迎えようとしていた時期でした。
そのころ、ある友人と交わした会話が、いまもこころに残っています。
それは、卒業後の就職先についての会話でした。
その友人は、同じ大学の教育学部の学生だったのですが、
その学部の多くの学生がその道を歩むように、彼もまた、
教職の道を選んだのでした。そして、それは、ある高校の教師の職でした。
しかし、私は、彼から就職先として選んだ高校の名前を聞いて、
内心、驚きました。
なぜならば、彼が選んだ高校は、エリートたちが集まる受験校でもなければ、
裕福な家庭の子弟が集まる名門校でもなかったからです。
いや、それどころか、彼が選んだのは、
むしろ、まったく逆の評価を得ている高校だったのです。

落第、退学、非行、校内暴力、……。

そうした問題が、しばしば眉をひそめて語られる高校だったのです。

私も教職の道には興味を持っていましたので、たまたま、その高校のあまり芳《かんば》しくない評価を知っていました。だから、私は、思わず、彼に聞いたのです。

「君も、あの高校の悪い評判は聞いているだろう。それなのに、なぜ君は、あの学校を選んだのかい」

そのときの彼の答えが、いまも忘れられません。彼は、決して気負うことのない静かな口調で、こう答えたのです。

「たしかにあの学校は、非行や校内暴力が問題になっている高校だよ……。だけど、そうした学校にこそ、本当の教育が必要なのではないだろうか……」

その友人の、その言葉を聞いて、私は深く考えさせられました。

なぜ我々は働くのか。

そのことを考えさせられたのです。

なぜならば、この友人は、そのことに対する明確な答えを持っていると感じたからです。

学友たちが、経済的な報酬や将来の地位が約束された道を選んでいくなかで、あえてそうした道を選んだ彼は、

「なぜ我々は働くのか」という問いに対して、彼なりの明確な答えを持っていると感じたからです。

荒波に流されないための錨

あれから、もう四半世紀の歳月が流れました。

その友人とは、それ以来、一度も顔を合わせていません。

だから、ときおり彼のことを思い出し、ふと、考えます。

彼は、いまもなお、あの高校で、あのころの気持ちを失わずに教職の道を歩み続けているのだろうか、

それとも、その気持ちはすでに失われてしまい、いまは他の学校で現実に押しつぶされながら教師の仕事を続けているのだろうか、と。

もちろん、それは、いまの私には、知るよしもありません。

もしかしたら、彼は、すでに変わってしまっているのかもしれない。
あれほどの気持ちを持って教職の道に就いた彼も、
やはり現実の壁に突き当たっているのではないだろうか。
そして、その厳しい現実の前に、挫折を余儀なくされているのではないだろうか。

そんな思いが、胸をよぎります。

なぜならば、その現実の壁の厳しさも、その挫折の苦しさも、ほかの誰でもない、
この私自身が感じ続けてきたことだからです。そして、そのことは、
おそらく、現在の社会で働く多くの人々が感じ続けてきたことだからです。
社会の現実は、青春時代のロマンチシズムやナルシシズムを

生き残らせてくれるほど、なまやさしいものではない。
そのことは、現在の社会で働く多くの人々が、
深い挫折感とともに感じ続けてきたことなのです。

しかし、そうした現実の壁に突き当たり、
挫折の苦しさを味わったにもかかわらず、
なぜか、私はいまも、こころの片隅で信じているのです。

彼は、きっと、あのころの気持ちを抱き続けて
困難な教職の道を歩み続けているのではないだろうか。
四半世紀の歳月を経ても、彼の気持ちは失われてはおらず、
その気持ちはますます深まりをみせながら、
その道を歩む彼を支え続けているのではないだろうか。

私は、なぜか、いまも、そう信じているのです。

なぜならば、あのとき、彼の言葉から伝わってきたものは、
決して、単なる青春時代の甘いロマンチシズムや
ナルシシズムではなかったように思われるからです。
それは、人生の困難や苦労によって、
たやすく風化してしまうようなものではなかったと思われるからです。
あのときの彼の、気負うことのない静かな口調から伝わってきたものは、
決して、そうしたものではありませんでした。

あのときの彼の言葉から伝わってきたものは、
まぎれもなく「思想」でした。

それは、まぎれもなく、ひとつの「思想」でした。

「だけど、そうした学校にこそ、本当の教育が必要なのではないだろうか……」

その彼の言葉は、「なぜ我々は働くのか」という問いに対する、

彼なりの答えを明確に表明したものでした。
それは、おそらくは、「仕事の思想」とでも呼ぶべき、
明確な「何か」だったのです。
そして、おそらくは、
彼は、そうした「仕事の思想」をこころに抱くことによって、
それを「錨《いかり》」にしようとしたのでしょう。

彼とても、これから一艘《いっそう》の小舟で漕ぎ出さんとする実社会という海原の、
荒波の厳しさも潮流の激しさもわかっていたはずです。
そして、それがわかっていたからこそ、
その現実の荒波や潮流に流されてしまわないようにするための
「錨」を求めたのでしょう。
いかに厳しい荒波がやってこようとも、どれほど激しい潮流がやってこようとも、
決して流されてしまわないために、「仕事の思想」という重い「錨」を、
こころの深くに降ろそうとしたのでしょう。

だから、私は、そうした「仕事の思想」の大切さを教えてくれた彼に、
いまも、感謝しています。

世にあふれる「サバイバル」の思想

そして、私は、仕事において困難に直面したとき、
いつも、彼のあの言葉に励まされてきました。
私は、仕事において困難に直面したとき、彼の言葉を思い出します。
そして、思うのです。
それなりの大学を出て、希望すれば好きな学校を選べる立場にあった彼が、
あえて、誰も選びたがらない困難な道を選んだことの意味を。
そして、その彼の後ろ姿が、「なぜ我々は働くのか」という問いを、
私に思い出させてくれるのです。

ときおり、私たちは、仕事において困難に直面し、苦労を体験するとき、
その仕事から逃げ出したくなることがあります。

そして、そうした困難や苦労のない「楽な仕事」はないものかと考えてしまいます。

しかし、そうした考えに支配されているとき、私たちは、人生における「仕事」というものを「パンを得るための手段」と考えてしまっているのです。

そして、どうせ「パンを得るための手段」であるならば、「楽な仕事」のほうがよいと考えてしまうのです。


しかし、それは、ある意味で、「我々は生活の糧《かて》を得るために働く」という思想にほかなりません。

そして、こうした「仕事の思想」は、いまの世の中にあふれています。

就職雑誌などをにぎわす「高年収が保証される人気職業」や「有給休暇の多い優良企業」などの特集は、私たちのこころのなかにある、そうした「仕事の思想」を映し出しているのでしょう。

しかし、こうした「仕事の思想」が、逆に、私たちから本当の「仕事の喜び」を奪ってしまっていることを見失ってはならないでしょう。

生活のために毎日自分の労働力を切り売りしているという感覚は、その仕事に関わっている毎日の何時間かを無味乾燥なものにし、私たちのかけがえのない人生を色褪《いろあ》せさせてしまいます。

そして、同じように、いまの世の中にあふれているのが、「サバイバル」と「生き残り」の思想です。

書店に行けば、「サバイバル」や「生き残り」というタイトルのついた本や雑誌特集が目につきます。

「こんな企業はサバイバルできない」
「こんなビジネスマンは生き残れない」
といったセンセーショナルな見出しは、おそらくは、企業やビジネスマンの「危機感」を煽《あお》り、

書籍や雑誌の売上を伸ばそうという
出版社側の意図なのでしょうが、
問題は、そうした「サバイバル」と「生き残り」の思想が、
私たちのこころのなかに忍び込んでくることです。

いつのまにか、私たちは、
「どうやったらサバイバルできるか」
「どうすれば生き残れるか」
という思想に染まってしまっているのではないでしょうか。

しかし、この時代に、私たちが一生懸命に仕事をするのは、決して
「生活の糧を得るため」でもなければ、
「生き残るため」でもありません。

それは、もっと素晴らしい「何か」のためではないのでしょうか。

しかし、その「何か」を見出すためには、深みある「仕事の思想」が求められます。

よりよく働くためには、深みある「仕事の思想」が求められるのです。

マズロー的ピラミッドの底辺で

かつて、心理学者のエイブラハム・マズローが「欲求の五段階説」というものを論じています。人間の欲求は、第一段階の「生存の欲求」、第二段階の「安全の欲求」、第三段階の「帰属の欲求」、第四段階の「尊敬の欲求」、そして、第五段階の「自己実現の欲求」という段階を、下から一つひとつ実現しながら上がっていくという説です。

わかりやすくいえば、「衣食足りて礼節を知る」という世界でしょうか。人間にとっては、まずとにかく、「生存」するということや

「安全」に暮らすということが最も根源的な欲求であり、
それらが実現できて、はじめて欲求は、さらに上位の「帰属」や「尊敬」、
さらには「自己実現」などの欲求に向かっていく。そういう考えです。

しかし、もし仮に、このマズローの説が正しいならば、
これほど高度に発達した資本主義国であり、
最先端の科学技術が開花した先進国の日本において、
いまだにビジネスの世界にあふれているのは、残念ながら、
この「マズロー的ピラミッド」の最底辺の思想にほかなりません。

いかにして、仕事の世界で生き残るのか。
いかにして、安全で楽な仕事を見つけるのか。

いまの日本においては、
そうした「生存の欲求」と「安全の欲求」のレベルの最底辺の思想が、
「仕事の思想」として影響力を持ってしまっているのです。

いまの世の中で目につくのは、
そうした貧困な「仕事の思想」なのです。
私は、そのことに、深い疑問を持ち、ビジネスの世界を歩んできました。
そして、その疑問は、ひとつの問いに結びついています。

なぜ我々は働くのか。

その問いを、このシリーズ・トークにおいて、
深く考えてみたいと思います。

そして、この問いを考えることを通じて、
深みある「仕事の思想」とは何であるかを探ってみたいと思います。

その思索の旅を、これから皆さんとともに歩んでみたいと思います。

そして、その思索の旅を導くのは、
あの友人が四半世紀を超えて私のこころに残してくれたメッセージへの感謝です。

私たちが抱くべき「仕事の思想」とは何か。

それが、彼が、私のこころに残してくれたメッセージです。

このシリーズ・トークに、最後までつきあっていただければ幸いです。

第二話

成長

決して失われることのない報酬

ジャズを愛した友人の選択

第一話では、よりよく働くためには
深みある「仕事の思想」が求められることを述べました。
しかし、私たちが深みある「仕事の思想」とは何かを考えていくとき、
最初にかならず突き当たる問いがあります。

仕事の報酬とは何か。

その問いです。
この第二話では、そのことを考えてみましょう。
そのために、また、ひとつのエピソードを紹介します。
私の友人のエピソードです。

二五年前、大学を卒業するころのことです。

私の友人で、商事会社への就職を決めた友人がいました。
ある時、就職を前にした彼と酒を飲んでいると、彼が酒に酔った勢いで、
私にこう語りはじめたのです。

「俺は、本当は就職などしたくなかったんだ。
俺は、ジャズが好きだった。
だから、本当はジャズの道で生きていきたかったんだよ。
だけど、それでは飯を食っていけない。
だから、給料の良い会社に就職した。
これからは、会社で働く俺が、
ジャズを愛するもうひとりの俺を食わせていくんだ……」

酒に酔ってはいましたが、彼の言葉には、真剣なものが感じられました。
たしかに、彼は、大学時代、ジャズが大好きでした。
できることならば、本当にそうした道を歩みたかったのでしょう。
しかし、そうした道を歩んでも、すぐに飯を食えなくなることは明らかでした。

だから、彼の「これからは、会社で働く俺が、ジャズを愛するもうひとりの俺を食わせていくんだ」という言葉は、私には、決して、単なるロマンチシズムやナルシシズムの言葉には聞こえませんでした。

それは、彼のこころのなかの、「自分の好きな道は、決して捨てないぞ！」という決意の表れとして聞こえたのです。

そして、その言葉は、

生活の糧を得るための「仕事の世界」と、

人生の喜びを味わうための「趣味の世界」を明確に区別し、

前者は後者を支えるためにあるのだという、

そのときの彼なりの思想を吐露したものでした。

仕事が面白くなってしまう戸惑い

それから三年の歳月が流れました。

大学院へと進んで研究を続けていた私は、

久しぶりに彼に会う機会を持ちました。
彼は、すでに雰囲気は一人前の若手商社マンになっていました。
しかし、一杯飲みながら語りあう話題は、例のジャズの話です。
彼は、卒業のころに述べていた決意どおり、
いまもそうした趣味の世界を大切に生きているようでした。
だから、昔のように二人でジャズ・クラブでの生演奏を楽しみ、
夜遅くなって彼と別れの言葉を交わすときまで、
お互いに仕事の話はしませんでした。
しかし、別れ際になってふと思いつき、私は彼に聞いたのです。

「仕事の調子はどうだい」

その私の質問に対して、彼はすこし戸惑ったような表情で答えました。
卒業のころの私との会話をおぼえていたのでしょうか。
彼は、言いました。

「それが、困ったことに……、
仕事が面白くなってきてしまったんだよ……」
そう答えた彼の表情が印象的でした。

そして、それからさらに七年が経ったころだったでしょうか。
また、久しぶりに彼に会いました。
彼は、一〇年選手の商社マンとなっていました。
そして、私も、民間企業でビジネスマンとしての歩みを始めて
三年が経っていました。
ビジネスマンとして脂《あぶら》の乗りはじめた彼と、
ビジネスの世界が見えてきた私との会話です。
お互いの話題は、自然に仕事のことが中心となり、話がはずみました。
そして、その会話のなかで、やはり、
彼が語った言葉が印象に残っています。

「最近になって、ようやく仕事が見えてくるようになったよ。振り返れば、昔は、見えていなかったことがたくさんあったんだな……。いまは、仕事の裏の動きや、仕事の先の展開が、いやになるほどよく見えるんだよ……」

「いまは、仕事をどう仕掛ければよいかが、よくわかるようになったよ。だから、ようやく、やりたい仕事がやれるようになってきたんだ……」

そうした彼の発言を聞いて、私は、彼が、ひとりのビジネスマンとして、その能力を急速に開花させていることを感じました。

しかし、そのとき、なぜか、彼の口からは、あのジャズの話は聞かれなかったのです。

素晴らしい目的地

そして、さらに五年の月日を重ねたころのことです。
また、彼と会う機会がありました。
私自身も、ビジネスマンとしての道を八年も歩んだころのことです。
かつて彼が言っていた「仕事の裏の動きが見えてくる」
「仕事の先の展開が見えてくる」「仕事の仕掛けかたが見えてくる」
ということの意味がわかってきたころでもありました。

彼は、文字どおり中堅のビジネスマンとなっていました。
そして、少人数といえども「部下」をあずかる身となっていました。
その彼と一杯やりながら話をすると、当然、仕事の話題となりました。
しかし、私は、このときもまた、彼の成長を感じたのです。
彼は、何気なく、こう言ったのです。

「仕事というものは、こころを込めてやれば、何でも面白いよ……」

その言葉に、私は、彼の精神の成熟を感じました。
かつて、「自分を中心に世界が回っている」という感覚を持っていた若い時代の彼とは違う、精神に深みを増した彼の姿を、私は見たのです。
そして、それは、私にとっても学ぶことの多い、友人の成長した姿でした。

その彼が、それからさらに一〇年の歳月を経て、
いま、どのような道を歩んでいるでしょうか。

彼は、その商事会社で、
商社マンという仕事が「天職」であるかのように活躍しています。
仕事においては上司や顧客から信頼され、
職場においては同僚や部下から頼りにされ、
ひとりの熟練のマネジャーとして活躍しています。
その彼の活躍は、いろいろなところから伝わってきますが、

たとえば、あるとき、私は彼の職場の同僚とふとした縁で知りあい、酒の席で、その同僚から次のような評価を聞いたことがあります。

「あいつは、夢のある奴だよ。そして、あいつは志を持っている。うちの会社には、いなくてはならない奴だよ……」

たしかに、いまの彼は、まさに脂の乗りきったマネジャーのようです。五〇の声を聞く年齢を迎え、いまの彼は、人望と力量をともに身につけたマネジャーになっているようです。そして、外見は、すこし髪が薄くなり、歳をとったものの、その内面は、昔どおり熱い思いで満たされているようです。

だから、最近の彼のそうした姿を見るとき、私は、かつて彼が語っていた言葉を懐かしく思い出すのです。

「これからは、会社で働く俺が、ジャズを愛するもうひとりの俺を食わせていくんだ」

その言葉です。
懐かしい、その言葉です。
そして、私は思うのです。

彼は、目的地に到達した。

そう思うのです。
彼は、二五年の歳月を費やして遠い旅路を歩み、
そして、ひとつの目的地に到達したのです。

たしかに、それは、かつて若き日に、
彼がこころのなかで思い描いた目的地ではありませんでした。

けれども、それは、まぎれもなく、
ひとつの素晴らしい目的地だったのです。

登るにつれて見えてくる世界

このエピソードをお話ししたのは、
皆さんに、ひとつのことを考えていただきたかったからです。

仕事の報酬とは何か。

そのことを考えていただきたかったからです。
そして、私たちが「仕事の報酬とは何か」を考えていくとき、
この私の友人の歩んだ道が、ひとつの参考になるように思われるのです。

それは、おそらく、山登りのように、
高みに登るにつれて次々と新しい世界が見えてくるという歩みなのです。
それを、すこしわかりやすい言葉で述べてみましょう。

まず、「仕事の報酬とは何か」を考えていくとき、
誰にとっても最初に見えているのは、
「仕事の報酬は、給料である」という世界です。
それは、この友人の
「これからは、会社で働く俺が、もうひとりの俺を食わせていくんだ」
という言葉に象徴されています。
会社で働くのは、給料を稼ぐことが目的であり、
その稼いだ給料で、自分の好きな人生を送る。そうした考え方です。
このように、誰にとっても最初に見えているのは、
こうした「仕事の報酬は、給料である」という世界なのです。

しかし、もし私たちが仕事に真剣に取り組んでいくならば、
こうした世界では物足りなさを感じるようになっていきます。
そして、そのとき、次の世界が見えてくるのです。
「仕事の報酬は、給料である」という世界を超えて、
その向こうに、何かが見えるようになってくるのです。

給料という報酬を超えて

それが、おそらく、「仕事の報酬は、能力である」という世界です。

そして、それは、仕事をおぼえることが面白くなってきたときに見えてくる世界なのです。

仕事の能力を磨くことが楽しくなってきたときに見えてくる世界なのです。

この友人がつぶやいた、

「それが、困ったことに……、仕事が面白くなってきてしまったんだよ……」

という言葉は、この友人にとって、そうした世界が見えてきたからこそ出てきた言葉なのでしょう。

もちろん、誰にとっても、初めて取り組んだ仕事は、慣れないこともあり、うまくできないのです。

しかし、そうした慣れない仕事も、いろいろと考えをこらし、工夫をしていくと、それなりに上達していきます。

仕事に一生懸命取り組んでいくと、

すこしずつ仕事のスキルやノウハウが身についていきます。
仕事の能力が磨かれていくのです。
そして、そのことがだんだんと面白くなってくるのです。

そもそも、「できなかったことが、できるようになる」という体験は、人間にとって本源的な面白さであり、楽しさなのでしょう。
だから、それが、だんだんと面白くなってくるのです。
とくに、企画力や営業力などの高度なスキルやノウハウが求められる仕事は、それができるようになるのは大変ですが、ひとたびその能力を身につけると、大きな喜びを味わうことができます。
新しいスキルやノウハウを身につけることの面白さが味わえるのです。
たとえば、企画力が求められる仕事には、
そもそも、新しいビジョンや戦略を創造するという面白さがあります。
そして、そのビジョンや戦略を単なる抽象論にとどめず、
明確な戦術やアクションへと具体化していくとき、
その面白さがさらに深まっていくのです。

また、営業力が求められる仕事には、そもそも、生身の人間を相手に商品を納得してもらうことの喜びがあります。

そして、商品を納得してもらうためには、何よりも、その商品を売ろうとしている人間を納得してもらわなければならないということに気がついたとき、その喜びがさらに深まっていくのです。

もちろん、そうして力が伸びていくためには、やはり、職場の上司や先輩に恵まれることが大切でしょう。

しかし、仮に職場の上司や先輩に恵まれなくとも、拙《つたな》いなりに自分で考え、工夫して仕事に取り組んでいくことは大切です。

その姿勢を抜きにして、力が伸びることは決してないからです。

腕を磨く時代の大切さ

そして、こうして仕事のスキルやノウハウを身につけていくと、当然のことながら、自分の能力を周囲から認めてもらえるようになってきます。

社内のいろいろなプロジェクトに

メンバーとして参加することを求められるようになります。

そして、それはそのまま、

「自分の能力が社内でどれほど必要とされたか」という形での

業績になっていくのです。

もちろん、勤めている会社が典型的な年功序列型の賃金体系であったり、

皆さんが入社したばかりの若手社員である場合には、

そうした業績が、そのまま給料に反映されるわけではありませんが、

自分のプロフェッショナルとしての能力が確実に高まっていくことに対して、

実感と満足感を持てるということはきわめて大切です。

俗に「腕を磨く」という言葉がありますが、

仮に給料を上げることを目的に仕事をしたとしても、

若手社員の時代には、目先の給料の多寡《たか》に目を奪われることなく、

先を見て「腕を磨く」ということをしていかなければ、

結局は、給料そのものも上がっていくことはないでしょう。

最近、給料の高さだけに目を奪われて企業を選ぶ若い人々が増えていますが、
こういう人々を見ていて心配になるときがあります。
なぜならば、多くの場合、高い給料を与えてくれる企業は、
あまりスキルやノウハウを磨かせてくれないからです。
給料が高いだけ、即戦力的なものを求めるからです。
したがって、いきおい人材育成という視点は弱くなります。
しかし、逆に、給料は低くとも、人材育成という視点を大切にして、
若手社員にじっくりとスキルやノウハウを磨かせてくれる企業があります。
そして、こうした二つの企業を比較したとき、
能力開発という観点からみるならば、後者が有利であることは明らかですが、
生涯収入という観点からみても、どちらが本当に有利かはわからないのです。
だから、若いビジネスマンは、目先の給料の高さに目を奪われるよりも、
プロフェッショナルとしての自分の能力を
長期的な視点から開発していく道をこそ大切にすべきです。
終身雇用制度が崩壊し、実力主義や実績主義による年俸制度が導入されていく
これからの時代においては、

そうした発想が、きわめて大切になっていくでしょう。

やりたい仕事がやれるとき

さて、こうした「仕事の報酬は、能力である」という世界において、仕事のスキルやノウハウを身につけ、仕事の能力を磨いていくと、その向こうにさらに新しい世界が見えるようになってきます。

それが、「仕事の報酬は、仕事である」という世界です。

すなわち、仕事のスキルやノウハウを磨いていくと、これまでできなかった面白い仕事に取り組めるようになっていくのです。

たとえば、自分でやってみたいプロジェクトの企画があったとします。
もし魅力的な企画をつくる能力も、
それを上司や顧客に売り込む能力もなかったならば、
そうしたプロジェクトの企画を実現することは決してできません。

逆に、仕事のスキルやノウハウを磨いていくと、自分のやってみたい仕事ができるようになっていきます。自分の企画し、提案したプロジェクトに社内の関係部局が賛同してくれる。そして、顧客が採用してくれる。そうしたことを通じて、自分のやりたい仕事をやれるようになってくるのです。

私の友人が語った、

「最近になって、ようやく仕事が見えてくるようになったよ。振り返れば、昔は、見えていなかったことがたくさんあったんだな……。いまは、仕事の裏の動きや、仕事の先の展開が、いやになるほどよく見えるんだよ……」

「いまは、仕事をどう仕掛ければよいかが、よくわかるようになったよ。だから、ようやく、やりたい仕事がやれるようになってきたんだ……」

という言葉は、彼にとって、まさに「仕事の報酬は、仕事である」

という世界が見えてきたことを意味していたのです。

やりがいのある仕事とは

そして、当然のことながら、
こうして企画し、提案し、実現する「やりたい仕事」というのは、
実は「やりがいのある仕事」にほかならないのです。
なぜならば、そうした仕事というのは、
単に自分にとって満足を得られるだけではなく、
自分の会社にとっても、相手の顧客にとっても、さらには、社会にとっても、
大きな意義のある仕事だからです。
そもそも、だからこそ、企画が通るのです。
だからこそ、社内が賛同し、顧客が採用してくれるのです。
そして、このことは、大切なことです。
すなわち、このことを裏返していえば、

ビジネスマンにとっての企画力の神髄とは、
自分にとってはもとより、会社にとっても、顧客にとっても、
さらには、社会にとっても有意義な仕事を企画できる能力なのです。
それが、もし、社会や顧客の利益を損なう仕事でありながら、
その会社や自分にとって利益を生み出すという企画であるならば、
私たちは、社内でいかに評価されても、
決して本当の満足を得ることはできないでしょう。
また、逆に、どれほど社会や顧客に貢献する企画であっても、
それがその会社にとって直接的利益や間接的メリットを生み出さないのであれば、
その行為は、株主の金を使って
自分勝手に慈善事業をやっているだけにすぎないのです。

しかし、企画力や営業力などのビジネスマンとしての能力を磨いていくと、
自分にとってだけでなく、会社にとっても、顧客にとっても、
さらには、社会にとっても、有意義な仕事を企画できるようになり、
自分にとって「やりたい仕事」と「やりがいのある仕事」が

ひとつになっていくのです。

そして、こうした段階まで能力を磨いていくと見えてくるのが、古くから諺《ことわざ》に言われてきた世界なのです。

「仕事の報酬は、仕事である」

その世界なのです。

見えてくる深い世界

しかし、こうして仕事のスキルやノウハウを身につけ、仕事の能力を磨き、面白いけれども難しいチャレンジングな仕事に取り組んでいると、私たちには、さらに深い世界が見えてきます。

それは、次の言葉で表わされる世界です。

「仕事の報酬は、成長である」

すなわち、仕事を一生懸命にやっていると、
仕事のスキルやノウハウが身につき、仕事の能力が磨かれ、
ひとりの職業人として成長していくことは当然ですが、実は、それだけでなく、
ひとりの人間として成長していくことができるのです。
そして、その成長を実感し、その成長の喜びを味わうことができるのです。
では、この「人間としての成長」とは何でしょうか。

それは、「こころの世界が見えるようになってくる」ということです。

人間として成長すると、こころの世界が見えるようになってくるのです。
たとえば、顧客の気持ちや職場の仲間の気持ちがわかるようになってくるのです。
そして、顧客の気持ちや仲間の気持ちがわかるようになると、
「うまく働くこと」ができるようになってくるのです。

なぜならば、「働《はたら》く」とは、「傍《はた》」を「楽《らく》」にさせることだからです。
そばにいる顧客や仲間を楽にさせてあげることだからです。

たとえば、顧客に提出する企画書ひとつでも、顧客の要求や希望だけでなく、顧客が社内で置かれている立場や気持ちがわかっていると、いわゆる「痒《かゆ》いところに手がとどく」ような企画書が書けるのです。

そして、そのことによって、顧客を楽にしてあげられるのです。

また、職場の仲間と協働して進めるプロジェクトにおいても、単に仲間の能力や適性だけでなく、仲間の性格や気持ちがわかっていると、プロジェクトを文字どおり「円滑」に進めていくことができるのです。

そして、そのことによって、仲間を楽にしてあげられるのです。

そして、こうして、顧客や仲間を楽にしてあげられると、顧客や仲間の喜ぶ顔を見ることができます。

そして、その喜ぶ顔を見ることによって、私たちは、自分の成長を実感し、成長の喜びを味わうことができるのです。

このように、私たちが「人間としての成長」を遂げていくと、「こころの深い世界」が見えてくるようになります。そして、そのことによって、「うまく働くこと」ができるようになっていくのです。

しかし、実は、「こころの深い世界」が見えるようになってくると、
そのこと自体が、私たちにとって深い喜びになってくるのです。
そのこともまた、ひとつの真実です。

なぜならば、そもそも、
「見えなかった世界が、見えるようになる」という体験もまた、
人間にとって、本源的な喜びだからです。
私の友人が語った、

「仕事というものは、こころを込めてやれば、何でも面白いよ……」

という言葉は、まさに、そうした
「こころの深い世界」が見えてきたことによって、
「うまく働くこと」ができるようになってきたことを意味していたのでしょう。
そして、彼にとって、「仕事の報酬は、成長である」という世界が
見えてきたことを意味していたのでしょう。

仕事の報酬を見誤らない

このように、「仕事の報酬」というものには、いくつもの世界があるのです。
そして、私たちが一生懸命に仕事に取り組んでいると、
あたかも山登りのように、高く登るにつれて新しい世界が見えてくるのです。

だから、「仕事の報酬を見誤らない」ということが、
とても大切であると思います。
特に、その最も高みにある世界を見失わないことが、大切であると思います。

「仕事の報酬は、成長である」

その世界を見失わないことが大切です。
なぜならば、「人間としての成長」とは、
決して失われることのない報酬だからです。

たとえば、仕事の報酬としての「給料」や「地位」は、
給料を使い、地位から退けば、その報酬は失われてしまいます。
また、身につけた職業人としての「能力」も、
時とともに腕が落ちることもあるでしょう。
新しい技術の出現によって陳腐化してしまうこともあるでしょう。
そして、「やりたい仕事」や「やりがいのある仕事」という意味での
「仕事」という報酬は、そもそも、
かならずしも得られるとはかぎらない報酬なのです。
なぜならば、現実の社会での仕事であるかぎり、
さまざまな困難や障害に突き当たることもあり、
それが成し遂げられるとはかぎらないからです。

しかし、「人間としての成長」という報酬だけは、
決して失われることのない報酬なのです。
仮に困難や障害に直面して仕事そのものが挫折したとしても、
その困難や障害と格闘するなかで、

かならず人間というものは成長していくことができるからです。

だから、私たちは、「人間としての成長」という報酬を
見失わないようにしなければなりません。
「仕事の報酬は、成長である」という世界を
見失わないようにしなければならないのです。

しかし、その世界が見えてきたとき、私たちは気づきます。
それは実は、古くから、優れた仕事を残してきた人々の多くが
見てきた世界だったことに気づくのです。

だから、その世界が見えるようになってきたとき、初めて、私たちは、
深みある「仕事の思想」を身につけていくことができるのでしょう。

第三話

目標

成長していくための最高の方法

才能が開花しない理由

第二話においては、「仕事の報酬とは何か」について考えてみました。

そして、仕事において決して失われることのない報酬は、「人間としての成長」であることを述べました。

仕事をすることの最高の報酬は、ひとりの人間として成長していくことであると述べました。

しかし、もし、そうであるならば、では、どうすれば、仕事を通じて人間として成長していけるのでしょうか。

この第三話では、そのことを考えてみたいと思います。


「成長の方法」ということについてです。

しかし、こう申し上げると、皆さんのなかには、「成長には方法があるのか」と思われる方がいらっしゃるかもしれません。

そうした皆さんのために、最初に申し上げておきます。
人間が成長していくためには、明確な「方法」というものがあります。

たとえば、いま、私は、若いビジネスマンを見ていて、
「ああ、この人は大きく成長していくだろうな……」
という予感を抱くときがあります。
しかし、それは決して、その人に「才能」を感じたときではありません。
才能そのものは、実は、将来の何も約束していないからです。
まわりを見渡せば、せっかく恵まれた才能を持っていながらも、
それを開花させる方法を知らないために、そのままで終わってしまう人は、
きわめて多いのです。
そして、ほとんどの場合、これらの人は、
「成長の方法」を知らないため、壁に突き当たってしまっているのです。
私が、「この人は大きく成長していくだろう」という予感を抱くのは、
その人が「成長の方法」を身につけていると感じるときです。

「成長の方法」を身につけている人は、
かならずしも才能に恵まれているように見えなくとも、横で見ていて、
「この人は、かならず成長していくだろう」と感じます。
しかし、面白いことに、こうした「成長の方法」というものは、
無意識に身につけていることが多いのですが……。

では、こうした人々を分ける「成長の方法」とは何でしょうか。
実は、「成長の方法」ということには、いくつかの基本的な原則があります。
それをすべて語ると、それだけで一冊の本が書けるほどですが、
ここでは「仕事の思想」という文脈において
最も大切な「成長の方法」を述べたいと思います。
それは、何でしょうか。

それは、「夢」を語り、「目標」を定めることです。

夢を語り、目標を定めることが、
人間が成長していくための最も大切な方法であり、最高の方法なのです。
そのことを説明するために、ひとつのエピソードをお話ししたいと思います。

「夢」しかなかった時代

一九九〇年のことですが、私は、それまで九年間勤めた会社を退職し、日本総合研究所というシンクタンクの設立に参画しました。

この研究所は名前に「日本」とつけたほどですから、それなりの抱負を持って設立されたシンクタンクでしたが、現実には、まったく「ゼロ」からのスタートでした。

もちろん、集まったメンバーには、他のシンクタンクやコンサルティング・ファームから移籍してきたメンバーもいましたが、会社の知名度、業務実績、顧客基盤、研究員の経験、いずれをとっても先発のシンクタンクに大きく後《おく》れをとった状態でのスタートでした。

したがって、コンサルティングの仕事を受注しようということで顧客への営業をしても、知名度も実績も顧客基盤もない状態ですから、大変な苦労をしました。
たとえば、そのころ私の部署の仲間が、プロジェクトの売り込みを行おうと、顧客の企業に電話して、
「私、日本総研の○○と申しますが……」と言ったところ、
「ニホンショウケン……。もう、株はいいよ！」と言って
ガチャリと電話を切られたという笑い話のようなエピソードもあるほどです。
そうした時期に、私自身も、
ある大企業にコンサルティング・プロジェクトを売り込もうということで、何回も足を運んだことがあります。
その企業は、東京の私鉄の沿線に研究所を持つ大企業なのですが、
同じ部署の仲間と一緒に何度も足を運んで、
一生懸命にプロジェクトの提案をしても、なかなか受注ができなかったのです。
ですから、その研究所へは、いつも
「今日こそ売り込むぞ」と胸を張って訪問し、
「今日も駄目だった」といって肩を落として出てくることが続いたのです。

しかし、いまも懐かしく思い出すのは、そのころ仲間と交わし続けた会話です。

肩を落としてその研究所を出てくるのですが、一〇分ほども歩いて駅前まで戻ってくると、駅前にハンバーガー店がありました。午前中の客先訪問ですので、ちょうどそのころは昼時です。腹が減ったということで、仲間とその店に入ってハンバーガーをかじりながら話を始めます。

すると、話はすぐにどこまでも広がっていくのです。

スタートしたばかりのこのシンクタンクを、日本一のシンクタンクにしたい、いや、日本一では目標が低すぎる、めざすならば世界一のシンクタンクだ、などと、横で聞いている人がいれば
誇大妄想に思われるような話をしていたのです。

しかし、それは、最高に楽しいひとときでした。

ついさきほど肩を落として客先から出てきたことなど、すぐに忘れてしまい、これから自分たちが創りあげていくシンクタンクの将来の「夢」を語り続けたのです。

「夢」を語ることのエネルギー

それからの一〇年で、日本総研というシンクタンクが、どのようなシンクタンクへと成長することができたかは、いま、新聞、雑誌、書籍、テレビなどで皆さんに見ていただいているとおりです。

もちろん、こうしたことをもって、「日本一のシンクタンクになった」などと思い上がるつもりは毛頭ありません。やはり、先を歩まれている他のシンクタンクの活動に比べれば、まだまだです。

しかし、もし、あのころ、私たちが「日本一のシンクタンク」「世界一のシンクタンク」という大きな夢を描き続け、語り続けることがなければ、おそらく、日本総研は、ここまで成長してくることはできなかったと思います。

そして、振り返れば、日本総研という企業の成長とあわせて、私たち自身も成長してくることができました。

ひとりの職業人としても、ひとりの人間としても、成長してくることができました。

やはり、「夢を語る」ということが、
私たちに生き生きとした目標を与えたのであり、
その生き生きとした目標が、
それに向かって精一杯に力を尽くすエネルギーを生み出したのでしょう。

だから、そうした意味において、
「夢を語る」ということは、最も大切な「成長の方法」なのだと思います。
生き生きと夢を語ることが、
成長していくための最も優れた方法なのだと思います。

「バー」という絶対条件

しかし、さきほど述べたように、「成長の方法」ということを考えるとき、
「夢を語る」ということとともに、もうひとつ大切なものがあります。

それは、「目標を定める」ということです。

たとえば、陸上競技において「棒高跳び」という競技があります。

陸上競技の経験のある方は、よくご存じと思いますが、

こうした競技に勝つために練習をするとき、

高いところに「バー」が置いてあるということは、絶対に必要な条件です。

仮に、棒高跳びの練習において、目標となるバーを置かずに

「とにかく、飛べるだけ高く飛んでみろ」とやっても、決して記録は伸びません。

これは、走り高跳びでも、何でもそうです。

人間というのは、目の前に明確な目標があるから、

それに向かって力を振り絞れるのであり、

力を振り絞るから、力が伸びていくわけです。成長していくわけです。

そうした意味で、日本総研をスタートするときに私たちが定めた目標は、

「単に、産業や市場の調査、分析、予測、評価、提言の仕事を行うだけでなく、

実際に、技術開発や事業開発もできるシンクタンクをめざそう」

「単なるシンクタンク（Think Tank）ではなく、
ドゥータンク（Do Tank）をめざそう」
「コンソーシアム（企業連合）という手法を用いて技術、事業、市場、産業の
インキュベーション（創出）ができるシンクタンクをめざそう」
といった具体的な目標でした。
そして、その結果、過去一〇年間に
民間企業延べ七〇二社とともに二〇のコンソーシアムを設立し、
「ISVジャパン」という環境汚染修復のベンチャー企業や
「FESCO」という省エネルギーサービスのベンチャー企業を
設立してきたわけです。
このように、単に「世界一のシンクタンクをめざそう」という
「夢」を語っただけでなく、
「まったく新しいタイプのインキュベータになろう」という
具体的な「目標」を定めたからこそ、
私たちは、その目標を達成しようと悪戦苦闘するなかで、
こうして成長してくることができたのです。

「夢」と「目標」の違い

しかし、こう申し上げると、
皆さんのなかで疑問を持たれる方がいらっしゃると思います。

「もしそうならば、成長していくために最も必要なものは、
『夢』ではなく、むしろ『目標』ではないのか。
『抽象的な夢』ではなく、『具体的な目標』こそが、大切なのではないのか」

そういう疑問です。
たしかに、成長していくためには、具体的な目標が不可欠です。
しかし、実は、具体的な目標だけでは、不十分なのです。
なぜでしょうか。

なぜならば、成長していくためには、「力を振り絞る」ことが必要だからです。

そして、「目標」だけでは、力を振り絞れないからです。


さきほどの「棒高跳び」の例で述べましょう。

練習に取り組む選手にとって、単に
「はい、次は、何メートルの高さ。さあ、飛んでみなさい！」

と言われただけでは、本当の力は出ません。

彼が、本当に力を出しきって跳躍するためには、やはり、その具体的な「目標」であるバーの向こうに「夢」がなければならないのです。

彼は、その跳躍のとき、バーの向こうに「夢」を見ているのです。

それは、ときに「県大会での優勝」であったり、「歴史に残る記録」であったり、それぞれではありますが、そこに、たしかな「夢」を見ているのです。

そして、その「夢」があるからこそ、人間は力を振り絞ることができるのです。


だから、このように、人間の成長にとっての「夢」と「目標」の役割の違いを理解しておくことが大切です。

それらは、どちらも、人間の成長にとって必要不可欠なものです。

しかし、それぞれの持つ意味と役割が違うことを理解しておかなければなりません。

夢を語るとき求められるもの

しかし、いま、「夢があるからこそ、人間は力を振り絞れる」と言いましたが、では、どんな夢でも、人間は力を振り絞れるのでしょうか。

そうではありません。

この「夢を語る」ということによって、人間が力を振り絞れるためには、ひとつ重要な条件があるのです。

それは何でしょうか。


「本気で語る」ということです。

夢を語るときには、本気で語らなければなりません。

たとえば、「君の夢は何か」と聞かれて、

「そうですねぇ……。

まあ、できれば世界一のシンクタンクをつくることですかねぇ……」

ということではないのです。

それが実現するかどうかはわからない。その結果は「天のみぞ知る」である。

だけれども、自分は、本気でその実現をめざす。

そういうことです。

そうした「本気」の世界がなければ、「夢を語る」ということが、力を振り絞るエネルギーを生み出すことはないのです。

本気で語ることの難しさ

しかし、この「本気」ということを考えるとき、

忘れてはならない、さらに大切なことがあります。

それは、「ポジティブ・シンキング」ということです。

すなわち、「本気で語る」とは、「本気で信じる」ということなのです。
その夢がかならず実現するというポジティブなイメージを描き、
それを本気で信じることなのです。
しかし、それは、言葉で言うのは簡単ですが、実際にやってみると、
その難しさがよくわかります。

なぜならば、私たちは「深層意識」の世界を持っているからです。
たとえば、「夢はかならず実現する!」と
表層意識の世界でいかに強く念じてみても、かならず、
深層意識の世界で「本当に夢は実現するだろうか」との疑問が湧《わ》いてきます。
それは、あたかも、プラスとマイナスの電荷が同時に発生することに似ています。
いかに表層意識でポジティブなことを念じてみても、
それを強く念じれば念じるほど、かならずそれに応じただけ、
深層意識にネガティブな気持ちが生まれてしまうのです。

そして、深層意識の世界にこうした一種の「反作用」があるからこそ、多くの人々は、「夢を本気で語る」ということができないのです。

これまで、「夢を語る」ということの大切さは、多くの人々によって言われてきました。

しかし、それを「本気で語る」ということは、実は、決して容易なことではないのです。

なぜならば、「本気で信じる」ということが難しいからです。

そして、それを本気で信じ、本気で語るということができなければ、「夢を語る」ということが、力を振り絞るエネルギーを生み出すことはないのです。


ここに「ポジティブ・シンキング」というものの要諦《ようてい》があります。

書店に行けば、「ポジティブ・シンキング」の重要性を論じた本は多いのですが、それを読んでポジティブなことを強く念じてみても、決してポジティブな思考ができないという壁に突き当たります。

それは、まさに、この深層意識の作用のためなのです。
したがって、もし、誰かが本当にポジティブ・シンキングを行いたいのであれば、その人に求められるのは、実は、「念の強さ」ではありません。
求められるのは、「無邪気さ」や「純粋さ」なのです。

自分の描く夢の実現を無邪気に信じることのできる力や、その実現をただひたすら純粋に祈ることのできる力こそが求められるのです。

そして、そうした力は、ときに、「天が与える」とでも呼ぶべき稀有《けう》な能力であることも、またひとつの事実なのです。

似て非なる二つの人物像

このように、「本気で語る」ということの難しさを理解するとき、私たちは、なぜ、多くの人々が「夢を語る」ということの大切さを理解しておりながら、実際の生活や仕事において、それを実践できないかがわかってきます。
そして、そのことがわかってくると、私たちは、世の中でしばしば目にする、似て非なる二つの人物像が生まれてくる理由を理解することができます。

それは、「理想家」と呼ばれる人物像と、「夢想家」と呼ばれる人物像です。

私たちは、しばしば、この二つの人物像を混同してしまいます。
では、この二つの人物像の違いは何でしょうか。

それは、現実を変えようとしているか、否かです。

「理想家」と呼ばれる人物は、大きな夢を描き、その夢を語ります。
それも本気で語ります。
そして、その夢を実現するために、目の前の現実を変えようとします。
そのために、具体的な目標を設定し、行動計画を立て、それを実行していきます。
その夢に向かって、一歩でも近づいていこうとします。

そして、何よりも、現実を変えるために必要な能力を身につけようとします。
すなわち、「理想家」と呼ばれる人物は、
夢を実現するために変えるべき最も重要な現実が
「自分」であることを知っています。
目の前の企業や市場や社会という現実を変えていくために、
真っ先に変えるべきは「自分自身」であることを知っています。
ですから、「理想家」と呼ばれる人物は、
自分を変え、成長させていくための努力を惜しみません。

これに対して、「夢想家」と呼ばれる人物は、
こころのなかで夢らしきものを想い描きます。
しかし、それを人前で語ることは、あまりしません。
そうした夢を人前で語ることによって、自分が他人からの視線を浴び、
語った夢に対して責任を負わされることを恐れるからです。
そのため、ときに夢を語るときも、本気では語りません。
「そうなればいいな……」といった「願望」として語るだけです。

そして、それが単なる「願望」であるため、目の前の現実を変えようとはしません。

夢を実現するために、目の前の現実と格闘し、それを変えていくという苦しいプロセスよりも、「夢を見ている」という心地よい状態を選びます。

したがって、そこには具体的な目標も、行動計画も生まれてくることはありません。

現実と対峙《たいじ》することによって、「夢から現実に引き戻される」ことを恐れるからです。

したがって、「夢想家」と呼ばれる人物は、現実を変えようとしないばかりか、自分を変えようともしません。

自分を変え、成長させていこうという意志を持たないのです。

なぜならば、彼がいちばん大切にしているのは「自己幻想」だからです。

彼にとっての「夢」とは、小さなエゴがみずからを慰めるための「道具」に過ぎないからです。

彼にとって、「夢」とは、苦しい現実から逃避するための「手段」に過ぎないからです。

このように、私たちは、「夢」を語るとき、
この「理想家」と呼ばれる人物像と「夢想家」と呼ばれる人物像の違いを
明確に理解しておかなければならないでしょう。

かつて、私が勤めていたアメリカのシンクタンクは、

For the Betterment of Human Society
（人間社会をより良きものとするために）

という高邁《こうまい》な「理想」を掲げたシンクタンクでしたが、
研究所の内部では、その「理想」が「夢想」に転落することを戒めるために、
研究員仲間の会話で、しばしば次のような警句が使われていました。

Don't dream up！（夢ばかり膨《ふく》らませるな！）

私は、「夢」を語るとき、いつも、この警句を思い起こします。

そして、そのとき、自分が「理想家」としてではなく、「夢想家」として「夢」を語っているのではないだろうかと、自問自答します。
そうした自問自答は、
私たちが「夢」を語るとき、決して忘れてはならないことなのでしょう。

自分自身を追いつめる方法

しかし、もし、私たちが、その自問自答を続けながら道を歩むのならば、
むしろ、心得ておくべきことがあります。
それは、「夢や目標を語ることを恐れない」ということです。

さきほど、
『夢想家』と呼ばれる人物は、こころのなかで夢らしきものを想い描きます。
しかし、それを人前で語ることは、あまりしません。
そうした夢を人前で語ることによって、自分が他人からの視線を浴び、

語った夢に対して責任を負わされることを恐れるからです」と言いました。

このことは、逆にも言えます。
すなわち、人前で堂々と夢を語るということは、おのずとその発言に対する責任を負うことになるため、自分自身を追いつめていくための優れた方法になるのです。
そして、人間が最も成長するときとは、自分にとって達成できるかどうかわからないほど難しい課題に、あえて挑戦し、退路を断って悪戦苦闘するときなのです。

そうした意味で、若いビジネスマンは、みずから退路を断ち、自分自身を追いつめるという意味でも、そのビジネスマン人生の出発に際して、堂々と、生涯かけても実現し得ぬほどの大きな夢を語り、生半可《なまはんか》なことでは達成できぬほどの高き目標を語るべきなのでしょう。

不惑を迎えて気がつくもの

そして、若いビジネスマンが、
そうした大きな夢や高き目標を語ることには、
もうひとつ大切な意味があります。

その「夢」が、ビジネスマンにとっての「初心」となるからです。

ビジネスマンが若き日に描いた「夢」とは、「初心」にほかなりません。
そして、その「初心」とは、山登りにたとえれば、
「登るべき山を定める」ということです。

生涯かけて登っていく山を見上げ、深く見据《みす》え、胸に刻む。

そういうことです。

そして、そのようにして胸に刻まれた「初心」は、
そのビジネスマン人生を通じて、
決して変わらぬものとしてこころの深くにあり続けていくものです。

私の好きな世阿弥《ぜあみ》の言葉に、あります。

初心、忘るべからず。
ときどきの初心、忘るべからず。
老後の初心、忘るべからず。

この言葉が教えているものも、
「初心」を胸に刻み、生涯抱き続けて歩むことの大切さです。
そして、そのような「夢」や「初心」を胸に刻んで道を歩み始めた人間と、
そのような「夢」や「初心」を持たずに歩み始めた人間とでは、
それからの一〇年を超える歳月を費やして長い道のりを歩んだとき、
あまりにも大きな差が生まれてしまうのです。

そして、その差の大きさに気がつくのは、不思議なことに、
ようやく四〇歳を迎え、
「不惑」の言葉を耳にする時代がやってきたときなのです。

第四話

顧客

こころの姿勢を映し出す鏡

成長のためのもう一つの方法

第三話では、夢を語り、目標を定めることが、成長していくための最高の方法であることを述べました。

しかし、ビジネスマンが成長していくためには、もう一つ忘れてはならない大切な方法があります。

それは、何でしょうか。


「鏡」を見ることです。


自分にとっての「成長の鏡」を見ることです。

成長していくためには、ときおり、自分の姿を映し出す「鏡」を見ることが必要なのです。

たとえば、皆さんは、どなたも、「成長していきたい」と考えていると思います。

では、皆さんは、自分自身が、いま成長のどの段階にいるのかを知っているでしょうか。

また、いま突き当たっている壁が何であるかをわかっているでしょうか。

さらに、これまでの成長によって身につけたものが何であるかを知っているでしょうか。

実は、私たちは、自分が思っているほどには、こうしたことがわかっていないのです。

だから「鏡」が必要なのです。

自分の姿を映し出す「成長の鏡」が必要なのです。


では、ビジネスマンにとって、「成長の鏡」とは、いったい何でしょうか。


この質問に対して、もしかしたら、「上司である」と答えられる方がいるかもしれません。

この方は、恵まれた方だと思います。

おそらくこの方は、上司が「鏡《かがみ》」である前に、「鑑《かがみ》」となっている方なのではないでしょうか。

この方は、幸い、尊敬できる上司のもとにあり、
その上司を模範として仕事を学び、ときに、その上司からの厳しい指導によって、
自分の未熟さを教えられるという道を歩んでこられた方かもしれません。
もし、そうであるならば、この方はとても恵まれた方です。
これからも、その上司を「鑑」とし、そして「鏡」として
歩んでいかれるとよいでしょう。

しかし、もし、不幸にして
こうした上司に恵まれていないビジネスマンの方がいるならば、
この方は、いったい、どうすればよいのでしょうか。
落胆する必要はありません。
ビジネスマンならば、誰もが見ることのできる「鏡」があります。
それは、何でしょうか。

「顧客」です。

仕事における「顧客」が、私たちにとっての「成長の鏡」なのです。
「顧客」こそが、私たちの姿を映し出す「鏡」なのです。

「鏡」を見つめるとき

では、顧客が「成長の鏡」であるとは、いったいどういう意味なのでしょうか。
そのことを考えていただくために、
私にとって顧客が「成長の鏡」となった、
ひとつのエピソードをお話ししましょう。

私が、新入社員として、初めて営業を担当したころでした。
東京の内幸町にある大企業からの引き合いで、
あるプロジェクトの企画書を提出したときのことです。
そのプロジェクトの担当を任された私は、
毎日残業して一週間ほどじっくりと企画を練り、
企画プレゼンテーションの前日の夜には、遅くまでかけて周到な準備をしました。

そして、当日の朝、職場の上司と仲間と三人で、その顧客のところへ伺《うかが》い、その企業の部長さんの前で、プレゼンテーションを行ったのです。

自分なりに自信のあった企画でした。

すこし睡眠不足とはいえ、それなりに熱の入ったプレゼンができたと思いました。

ですから、プレゼンが終わったあと、期待を込めて、部長さんの顔を見ました。

「なかなかよくできた企画ではないですか」

その声を期待していたのです。

ところが、その部長さんの開口一番の声は、
私の予想をまったく裏切ったものでした。

「何ですか、この企画は！　こちらは、こんなものを要求しているのではない！」

そのあとのことは、恥ずかしいことに、あまりおぼえていません。

ただ、その部長さんが、提出した私の企画書に対して、

実に厳しい表情で、耳をふさぎたくなるような手厳しい意見を次々と述べたことだけが記憶に残っています。

そのあとは、惨《みじ》めな心境でした。

いまも、内幸町の交差点を日比谷公園の方に渡るときには、そのときの心境を懐かしく思い出します。

当然のことながら、「企画、やり直し！」という顧客からの要求を受けて、敗残兵のような心境で、その交差点を渡っていました。

数歩先を行く上司の後ろ姿を見ながら、私の頭のなかで渦巻いていたのは、「あの企画の、いったい、どこが悪いんだ……」という疑問でした。

しかし、おそらくあまりに落胆している私を見て、慰めようと思ってくれたのでしょう。

一緒にいた仲間が、私に小さな声で話しかけてくれました。

優しい仲間でした。

「君の企画は、いい企画だったと思うよ……。

あの部長さんが、それを理解してくれる力がなかったのだよ……」

その言葉を耳にして、その仲間の優しさがありがたいと思いました。

しかし、その優しい慰めの言葉を聞いて、私のこころのなかに浮かんだのは、不思議なことに、まったく逆の心境でした。

「いや、何であろうとも、自分は、自分のつくった企画で、顧客を満足させられなかった……」

その思いでした。そのことに対する無念さでした。

そして、それが、私のビジネスマンとしての仕事の原点となりました。

「企画というものは、顧客に納得してもらって、はじめて『良い企画』と言える」

「企画が顧客に受け入れられないとき、それを顧客の能力の責任にしてはならない」

この体験を通じて、私は、そのことを学びました。

映し出されるこころの姿勢

そして、あれから二〇年近い歳月を経て、いま、思うことがあります。

それは、「厳しい顧客こそが、優しい顧客である」ということです。

さきほど、顧客の部長さんを、「実に厳しい表情で」と形容しました。

たしかに、あのとき、罵詈雑言《ばりぞうごん》に近いことを言われ続け、その怒りをあらわにした表情を見ながら、こころのなかでは、「この顧客は、何と厳しい顧客だ……」と感じていました。

しかし、あれからの長い年月を経て、いま思うのは、この部長さんは、「厳しい顧客」ではなく、実は、「優しい顧客」であったということです。

いまの私は、本当に、そう感じています。

なぜならば、この部長さんは、私というひとりの未熟なビジネスマンを育ててくれたからです。

私の自己満足と自己幻想を打ち壊し、その現実の姿を見せつけてくれることによって、私というひとりの若いビジネスマンの成長を支えてくれたからです。

いま振り返ると、よくわかります。

あのときの私のなかには、若さゆえの「慢心」がありました。


「この企画は、絶対によい企画だ」

「きっと、顧客は喜ぶにちがいない」

「顧客は、この企画を実施すべきだ」


そうした、ひそやかな慢心が、私のこころのなかにありました。

この部長さんは、企画をプレゼンテーションする私の姿に、その慢心を感じたのだと思います。

だから、この部長さんは、本当は「企画の内容」に問題を感じたのではなく、「企画を提案する人間」に問題を感じたのだと思います。

企画を提案する人間の「こころの姿勢」に問題を感じたのだと思います。

そして、そうした私の「こころの姿勢」を、「厳しい顧客」としての姿を通じて見せてくれたのです。

それは、私にとっての「鏡」でした。

だから、感謝しています。

この部長さんのおかげで、私は成長することができました。

この顧客を「鏡」として、成長することができたのです。

最も怖い顧客

そして、こうした体験を含め、顧客への営業活動の体験を積んできますと、

営業において本当に「厳しい顧客」とは、

実はまったく逆のタイプの顧客であることがわかってきました。

それは、どういった顧客でしょうか。


「黙って去る顧客」です。


「黙って去る顧客」こそが、ビジネスマンにとって、最も「厳しい顧客」なのです。

たとえば、さきほどの例でいえば、こちらが提出した企画書の説明を聞いて、それが納得できないものであっても、あまり文句を言わない顧客です。

ただ、「なるほど、こんな感じですかねぇ……」などと言って口ごもる。

そして、「まあ、すこし考えさせてください……」と曖昧《あいまい》に締めくくるのです。

しかし、しばらくして、「あの企画、いかがでしょうか」と伺いをたてても、「残念ながら、予算がうまくやりくりできなくなってね。申し訳ない……」などと言って、うまく断ってくる顧客です。

実は、仕事をしていて最も怖い顧客は、こうした顧客です。

こちらの出した企画については、すこしも納得していない。
いろいろな不満や問題を感じている。
しかし、決して、企画の不満な点や問題点を指摘することはしない。
決して、こちらに厳しいことを言おうとはしない。
ただ、黙って、こちらへ仕事を発注することをやめてしまう。
しかも、その発注をやめた理由を聞いても、
こちらの企画に不満や問題があるからだとは言ってくれない。
黙って、こちらに仕事の能力がないと判断してしまうのです。
そして、こちらとの関係においては、あまり厳しいことを言ってくれない。
そうした顧客です。

ビジネスマンにとっては、こうした顧客が最も怖いのです。

なぜならば、こうした顧客は、こちらが油断していると、
顧客が気持ちのなかに抱いている不満やクレームが見えないからです。

そのため、こちらが出した企画の不備や問題が見えないからです。
そして、その結果、こうした顧客とのやりとりを通じて、
自分の未熟さや力量不足に気がつくことができないからです。
そして、さらに怖いことに、実は、こうした「黙って去る顧客」こそが、
世の中の顧客のなかで、最も多いのです。

それは、当然でしょう。
顧客の立場からすれば、
わざわざ嫌われてまで厳しいことを言う必要はないからです。
こちらに不満があれば、黙って別の業者を選べばいい。
別に、顧客には業者を育てるという義務はないからです。
そして、これから競争が激しくなっていく日本市場においては、
ますます、こうした傾向は強くなっていきます。
だから、私たちビジネスマンは、深く理解しておいたほうがよいでしょう。

「厳しい顧客」こそが「優しい顧客」である。

そのことを、理解しておかなければなりません。

黙って去る顧客の「声」

たしかに、業者に対して文句や不満を言ってくれる「厳しい顧客」は、私たちにとって、まさに「優しい顧客」です。

なぜならば、そうした顧客は、私たちが成長していくための「鏡」になってくれるからです。

そうした顧客は、その文句や不満を通じて、私たちの未熟な姿や誤ったこころの姿勢を「鏡」のように映し出してくれるからです。

しかし、ここで私たちは、ひとつの問題に直面します。

では、「黙って去る顧客」を「鏡」とすることはできないのか。

その問題です。

たしかに、「黙って去る顧客」は、決して文句を言ったり、不満を述べたりはしてくれません。

そのため、こうした顧客を「成長の鏡」とすることはできないように思われます。

しかし、そうではありません。こうした「黙って去る顧客」も、私たちの「成長の鏡」とすることができるのです。

では、どうやって。


「無言のメッセージ」に耳を傾けることによってです。


「黙って去る顧客」も、こころを澄ませ、注意深く見ていると、かならずその文句や不満を「無言のメッセージ」として発しています。

たとえば、企画書の説明であれば、説明の最中の表情、頷《うなず》き方、首の傾《かし》げ方、目の配り方、こちらと目を合わせたときの視線、何気ない質問のニュアンス、やりとりの呼吸、こちらからの問いかけに対する答え方の雰囲気、会議全体の空気、最後に別れるときの余韻。

そうした、細やかなものに気を配っていると、
顧客の「無言のメッセージ」は、かならず理解できます。

問題は、私たちに、それを気づく力量があるかどうかです。

もちろん、こうした力量は、一朝一夕に身につけることはできません。
ある年月、顧客への営業の体験を積み重ねながら、
それなりの修練を積んでいかなければなりません。
そして、こうした顧客の「無言のメッセージ」に耳を傾ける修練というものは、
決して楽な修練ではありません。
なぜならば、そうした「無言のメッセージ」を聞くためには、何よりも、
細やかな気配りや繊細な感受性、さらには鋭い直観力や深い洞察力など、
人間としての高度な能力が求められるからです。
そして、そうした高度な能力を身につけるためには、
たとえば、一回一回の顧客への営業において、
その場に全身全霊で参入するという修練が求められます。

心身ともに疲れ果てるほどの精神の集中力や持続力を要する
厳しい修練が求められるのです。
それは、ある意味では、
顧客から怒鳴られることのほうがよほど楽だと思われるほどに
厳しい修練であるといえます。
しかし、それでも、私たちが、
そうした厳しい修練に取り組んでいくことができるのは、
私たちのなかに、「顧客を鏡として成長していきたい」という
強い願いがあるからでしょう。
もしかしたら、そうした厳しい修練の時代に、私たちを支えてくれるのは、
その強い願いだけかもしれません。

しかし、私たちのなかの成長への願いが強ければ強いほど、
顧客という存在は、
ますます澄みきった「鏡」として、
私たちのこころの姿勢を、ありのままに映し出してくれるのです。

そして、私たちの成長する姿を、ありのままに映し出してくれるのです。
私は、そのことを、いつも、ありがたいと思います。

第五話

共感

相手の真実を感じとる力量

万策尽きた企画提案

第四話では、顧客とは、私たちのこころの姿勢を映し出す鏡であり、私たちの成長する姿を映し出す鏡であるということを述べました。
そして、「厳しい顧客」や「黙って去る顧客」を鏡として、私たちが成長していくことができることをお話ししました。
しかし、顧客を鏡として成長していこうとするとき、決して忘れてはならない、もうひとつの大切なことがあります。

それは、「顧客との共感」ということです。

なぜならば、この「顧客との共感」を通じて、私たちは、「こころの成長」を遂げていくことができるからです。

では、この「共感」とはいったいどのようなことなのでしょうか。

この第五話では、そのことをお話ししましょう。

また、エピソードから始めさせてください。


一九八二年。私が民間企業に入社して二年目を迎え、仕事にすこしずつ慣れてきたころのことです。

ある日、私は、政府の外郭団体からの依頼で、あるプロジェクトの企画をつくりました。

何日もかけてつくったこのプロジェクト企画は、私にとってはささやかな自信作でした。

そのプロジェクトは、日本におけるエネルギー産業の環境問題を解決するために、いま、政府としてかならずやらなければならないプロジェクトだと考えていたからです。

だから、そのプロジェクト企画を顧客に説明するときにも、いつもにもまして、熱の入ったプレゼンテーションをしたのを記憶しています。

そして、その結果、顧客の反応はきわめて良好でした。

その外郭団体において、さまざまなプロジェクトの企画責任者の立場にある

H課長は、このプロジェクトの企画内容を、非常に面白いと思ってくれたのです。
しかし、そのあとが問題でした。
このプロジェクトを実施するには、その外郭団体が組織している専門委員会の了解を取らなければならなかったからです。
そこで、H課長は、
このプロジェクト実施の了解を取れるかどうかを打診するために、
専門委員会の委員長や何人かの委員の意見を聴いてくれました。
しかし、その反応は、あまり芳しくありませんでした。
H課長からの説明に対して、それらの専門委員たちは
プロジェクトの実施に賛成の意向を示してくれなかったのです。
そのため、結局、このH課長は、
プロジェクトをとりやめることを伝えてきました。
そこで、私は、急いでH課長のところに行き、
何とかプロジェクトを進めてくれるように頼みました。
しかし、このH課長は、きわめて誠実な人柄ながら、
こうした場面では慎重に対応するビジネスマンであったため、

私からの再度の提案に対して、首をタテに振ってくれませんでした。

そして、プロジェクトの企画内容を、委員会での了承を取れるようなものに、まったく書き直してくることを依頼してきたのです。

私は、その場で、このH課長に対して、何度も説得を試みました。

しかし、私が説得しようとすればするほど、
H課長のプロジェクト変更の意思は固くなっていきました。

そして、結局、私は、H課長を説得することができなかったのです。

私は、「万策尽きた」と感じました。

そして、H課長からのプロジェクト企画修正の指示を受け入れざるを得ないと観念しました。

そこで、残念な思いのなかで、私はH課長に対して、

「それでは、明日までに、プロジェクトの企画書を書き直して持ってきます」

と伝え、机の上の資料をかたづけ、その会議を終わろうとしました。

しかし、そのとき、私のこころのなかで、声が聞こえたのです。

「自分は、本当に、顧客に対してベストを尽くしただろうか」

という声です。

そして、その声に続いて、

「いや、まだ、言い残していることがある」

という声が聞こえたのです。

その声に促されるように、私は、H課長に対して、こう話し始めました。

「このプロジェクト企画に関する修正の指示については、了解しました。明日までに、かならず修正した企画書を持ってまいります。

したがって、このプロジェクト企画についての議論は終わったと理解しています。

ただ、最後に、もう一度だけ、このプロジェクトの社会的意義について説明させてください。それを説明させていただければ、
それだけで、私は結構です。最後にあと数分だけ、お時間をください」

そう言って、私は、そのプロジェクトが日本におけるエネルギー産業の環境問題の解決に重要な役割を果たすプロジェクトであること、
そのプロジェクトが
欧米においても実施されていない先進的なプロジェクトであること、

そして、そのプロジェクトを実施できるのは
その外郭団体をおいてほかにはないことを説明しました。
そして、その説明の最後を、次の言葉で締めくくりました。

「以上が、私どもが、このプロジェクト企画を御社に提案した理由です。
そして、結果としては、このプロジェクト企画は委員会のご理解をいただけず、
不採用になりましたが、私どもの信念は変わりません。
このプロジェクトを実施することができるのは、御社だけであり、
また、このプロジェクトを実施することが、御社の将来にとって
かならず有益な結果をもたらすと、いまも信じています。
ただ、私どもは、お客様から仕事をいただく立場の企業です。
最終的には、お客様のご判断に従います。そして、そのご判断もいただきました。
ただ、お客様に対してベストの提案と説明を申し上げるのが、私どもの責任と
思いましたので、最後に、もう一度だけ、そのことを説明させていただきました。
話を聞いていただいて、ありがとうございました。
お約束どおり、明日までに、プロジェクト企画の修正案を持ってまいります」

そう言って、席を立とうとしたのです。

すると、H課長は、あいさつもせず黙っています。私は、内心、

「顧客に対して、失礼なことを言ってしまったか……」

と考えました。

若気《わかげ》のいたりで、つい、顧客に対して

偉そうなことを言ってしまったかと思ったのです。

すると、しばしの沈黙のあと、H課長がこう言ったのです。

「待てよ、田坂さん……」

次に、厳しい言葉が出てくるのを覚悟して待っていると、

耳に聞こえてきたのは、意外な言葉でした。

「もう一度、やってみよう……」

H課長の口から出てきたのは、
もう一度委員会を説得してみようという言葉でした。
私は、思わず聞き直しました。
「しかし、委員会の了解は得られないのでは……」
それに対して、H課長の口から出た言葉は、さらに意外な言葉でした。
穏やかで誠実な人柄のH課長の口から出てくるとは思えない、熱い言葉でした。
「やっぱり、悔《くや》しいじゃないか……。
ここまで企画を立てて、諦《あきら》めるのは……。
もう一度、委員会を説得してみるよ……」

顧客と共感する瞬間

私は、いまも、このときのことを鮮明におぼえています。

なぜならば、この瞬間が、私にとって初めて顧客とこころをひとつにした瞬間だったからです。

そして、この体験が、「顧客と共感する」ということの初めての体験だったからです。


幸い、このH課長は、この後、委員会をうまく説得してくれました。

その結果、私の提案したプロジェクトは、企画どおり実行することができたのですが、
私は、仮に、この後、H課長が委員会を説得することができず、このプロジェクトが実行できなかったとしても、このエピソードをお話ししたと思います。

皆さんに、このエピソードをお話ししたと思うのです。

なぜならば、私は、この体験を通じて、かけがえのないことを学んだからです。

それは、「顧客と共感する」ということの大切さです。

そして、私は、この体験を通じて、
「顧客と共感する」ために、何が大切であるかを学びました。
それは、何でしょうか。

無意識に忍び込む操作主義

そもそも、「顧客と共感する」ということの大切さについては、
すでに多くのビジネス書や経営書で語り尽くされています。
書店に足を運べば、「顧客の共感を得る話し方」というタイトルの本や、
「顧客の共感を得る営業術」といった内容の本が目につきます。
しかし、不思議なことに、こうした本が流行するにもかかわらず、
実際には、顧客の共感を得る営業担当者は、かならずしも多くないのです。
その理由は、どこにあるのでしょうか。

実は、その理由は、「操作主義」にあります。

営業担当者が「操作主義」に染まってしまっているからです。
営業担当者のこころのなかに、顧客を説得して自由に操作しようという無意識の「操作主義」があるからです。
営業担当者のこころのなかに、顧客を意のままに動かしたいという無意識があるからです。

しかし、当然のことながら、
そうした営業担当者のこころのなかにある無意識の「操作主義」は、顧客も無意識に感じてしまいます。敏感に感じてしまいます。
そして、その結果、顧客はその営業担当者に無意識に反発します。
だから、営業担当者が、こちらの立場で「顧客を説得してやろう」「顧客を動かしてやろう」と考えているうちは、
顧客は説得されることもなければ、動いてくれることもありません。
ましてや、共感を得ることなど、決してありません。

私は、このH課長とのやりとりを通じて、そのことを学んだのです。

振り返れば、このとき、私は、
プロジェクトを何とか実現したいという思いのあまり、
H課長を何とか説得して、動かそうと考えていたのです。
H課長の翻意を促して、プロジェクトを実現しようと考えていたのです。
そして、無意識に、H課長を「操作」しようと考えていたのです。
しかし、こちらがH課長を都合よく動かそうと思っているうちは、
その私の気持ちを見透かしたように、H課長は
決して説得されることもなければ、動いてくれることもありませんでした。
そのため、私は、壁に突き当たったのです。

しかし、不思議なことに、私自身が「万策尽きた」と観念し、
このプロジェクトの実現を諦めたとき、私自身の口をついて出た言葉は、
「こちらの立場」での言葉ではなく、「顧客の立場」での言葉だったのです。
そして、やはり不思議なことに、そのこちらの気持ちがH課長に伝わったのです。
こちらの立場にこだわり、「こう言えば、きっと説得できる」という思いで
語った言葉がH課長の気持ちをすこしも動かさず、逆に、

「こんなことを言えば、失礼になるかもしれない」と思いながらも、顧客の立場に立って精一杯に語った言葉が、H課長の気持ちを動かしたのです。

この体験は、私にとって、深い学びとなりました。

それは、「顧客と共感する」ために、何が最も大切なことかを学んだからです。

誰が誰に共感するのか

さきほど言いましたように、この「顧客と共感する」という言葉は、ビジネスの世界においては、きわめてよく使われる言葉です。

しかし、残念ながら、この言葉の意味をまちがって解釈している人が多いように思われます。

なぜならば、「顧客と共感する」とは、「顧客からの共感を得る」ことであると思っている人が多いからです。

しかし、この発想は、実は逆ではないでしょうか。

「顧客と共感する」ということは、まず何よりも
「顧客に共感する」ということなのです。

こちらが、顧客の気持ちに共感するという行為が最初にあるべきなのです。

それにもかかわらず、私たちは、しばしば無意識に、

「いかにして顧客からの共感を得るか」

「どうすれば顧客からの共感を引き出すことができるか」

ということを考えてしまいます。

たとえば、ひとつの例をあげましょう。
先日、あるテレビ番組を見ていたら、
ある金融機関の経営者が、こう発言しているのを聞いて、
思わず考え込んでしまいました。
これは、
「金融ビッグバンのなかで、御社は、どのような戦略を考えていますか」
というインタビュアーの質問に答えての発言です。

「ええ、弊社は、これからは、お客様に弊社のファンになっていただこうと考えています」

この発言を聞いて、私は考え込んでしまいました。

聞きまちがいではないかと思ったからです。

「弊社は、これからは、お客様のファンになろうと考えています」のまちがいではないかと思ったからです。

ここにも無意識の操作主義があります。

顧客の立場よりも、こちらの立場を考えてしまうという、私たちの誤りがあります。

この金融機関の経営者は、

「顧客にファンになってもらう」ことや

「顧客から共感を得る」ということを語るまえに、まず、

「顧客のファンになる」ことや

「顧客に深く共感する」ということから始めるべきではないでしょうか。

そして、このことは、この経営者にとってだけでなく、

私たち、すべてのビジネスマンに求められていることです。

まず、顧客に深く共感する。

そのことが、きわめて大切なことであると思います。
こちらの立場に立った操作主義的な発想で、
「顧客を説得しよう」「顧客を動かそう」と考えるのではなく、
まず、無条件に、顧客に深く共感する。

そのことが、とても大切であると思います。

「無条件」ということの意味

しかも、ここで重要なのは、「無条件に」ということです。
なぜならば、私たちのこころの深くに棲《す》みついた「操作主義」は、
いつもひそやかに鎌首《かまくび》をもたげるからです。

たとえば、こういった発想です。

「顧客に共感すれば、顧客からの共感を得られる」

「顧客のファンになれば、顧客にファンになってもらえる」


そういった発想です。

しかし、こうした発想は、冷静に見つめれば、計算された取引であり、ひそやかな操作主義にほかなりません。

だから、「無条件に」ということが大切なのだと思います。

さきほど、

「顧客の気持ちに共感するという行為が最初にあるべきなのです」

ということを述べました。

しかし、その意味は、

「そうすれば、次に、顧客がこちらの気持ちに共感してくれるからです」

という意味ではありません。

そうした計算や取引を抜きに、
それは、無条件に「最初にあるべき」なのです。
その結果、顧客がこちらの気持ちに共感してくれるか否かは、
最初から期待したり、問題にすべきことではありません。
そうした共感を期待することそのものが、ある意味で、
ひそやかな操作主義なのです。

私たちは、無条件に顧客の気持ちに共感できるでしょうか。
何の計算もなく、顧客の気持ちに共感できるでしょうか。

それは、たしかに難しいことです。
なぜならば、「共感」とは、相手の真実を感じとることだからです。
自分の価値観や世間の常識にとらわれず、
ただ虚心に「相手にとっての真実」を深く感じとることだからです。
しかし、そうした意味で「顧客に共感する」ということができたとき、私たちは、
またひとつ、「こころの成長」の階段を登っていくことができるのでしょう。

そうして顧客に共感することを通じて、
私たちのこころは成長していくのでしょう。

顧客の温かい眼差し

このように、H課長との出会いを通じて、私が学ばせていただいたことは、
「顧客に共感する」ということの大切さでした。
しかし、H課長から学ばせていただいたのは、それだけではありませんでした。
H課長からは、「顧客との共感」がもたらす世界の素晴らしさも
教えていただきました。
なぜならば、このH課長には、その出会いを機縁として、
私という若いひとりのビジネスマンを、温かく育てていただいたからです。
このH課長には、それからの九年間、本当に、温かく育ててもらいました。
顧客と業者の関係ながら、ともに新しいプロジェクトを企画・実行し、
ともに海外出張をしながら、このH課長が私に与えてくれたのは、
いつも温かい励ましでした。

そして、若いひとりのビジネスマンにとって、
そうした顧客からの温かい眼差《まなざ》しと励ましは、
あたかも新芽に注ぐ太陽の光のように、
その成長を大きく支えてくれる、大切な何かでした。

このH課長という顧客との出会いを振り返るとき、私は、何よりも、
この出会いを機縁として、H課長から注いでいただいた
温かい眼差しのありがたさを思います。

ひとりのビジネスマンの若気のいたりをとがめることなく、
その心情を理解し、その成長を温かく見守ってくれた
このH課長との出会いもまた、
私にとっては、かけがえのない出会いでした。

第六話

格闘

人間力を磨くための唯一の道

「人間力」と「人間学」

ここまで、第二話の「仕事の報酬は、成長である」という話を出発点として、第五話まで、「人間としての成長」ということについてお話ししてきました。
しかし、この「人間としての成長」を考えるとき、
私たちが理解しておくべき大切な言葉があります。

「人間力」と「人間学」

この二つの言葉です。
すなわち、私たちが「人間としての成長」を求めて歩むとき、
その究極にあるのは「人間力」とでも呼ぶべき最も高度な能力の世界です。
そして、その「人間力」を身につけるべく修練をしていくとき、
その指針となるのが「人間学」とでも呼ぶべき最も深い学びの世界です。
しかし、残念ながら、この二つの言葉もまた、

最近のマスメディアにおいて流行語のごとく使われるため、大きな誤解が生じています。

そこで、この第六話においては、
この「人間力」と「人間学」というものについて考えてみましょう。

「人間学」とは、どのようにして学んでいくものなのでしょうか。

「人間力」とは、どのようにして身につけていくものなのでしょうか。

その二つの問いを、深く問うてみたいと思うのです。

大賢は市井に遁す

まず、「人間学」や「人間力」ということを考えていくときに、最初に解いておかなければならない誤解があります。

それは、「人間学」や「人間力」が大切であるというと、すぐに儒学などの東洋思想の古典に向かう人がいるからです。

もしくは、禅などの宗教的な修行に向かう人がいるからです。

もちろん、こうした東洋思想を学んだり宗教的な修行をすることによって、

大切な何かをつかみとっていく人もいると思います。

しかし、東洋思想には「知行合一《ちこうごういつ》」という言葉があり、

禅にも「常住坐臥《じょうじゅうざが》・禅」という言葉があります。

その意味を正しく理解するならば、「人間力」とは、そもそも、

日々の生活の場や仕事の場の「現実」を離れて身につくものではなく、

また、「人間力」の前提となる「人間学」についても、

日常の生活の場や仕事の場での「体験」を抜きにして、

決して学ぶことはできないものであることを、腹に入れておく必要があります。

しかし、それにもかかわらず、最近では、

「人間学」や「人間力」ということまでも、

書物で勉強しようという風潮が強いようです。

書店には、そうしたタイトルの本があふれています。

決して笑えない話ですが、ときおり、東洋思想の古典を愛読している方で、

部下の気持ちひとつがつかめない方がいらっしゃいます。
また、禅の修行をなさっている方で、
肝心の意思決定ひとつが満足にできない方がいらっしゃいます。
私自身、まだ未熟きわまりない人間であり、いまだ修行中の身ですから、
この話は、こうした方々を笑うためにお話ししているのではありません。
いや、むしろ、こうしたことは、決して他人《ひと》ごとではありません。

しかし、その未熟な私にも、ひとつだけわかっていることがあります。
それは、「人間学」の学びも「人間力」の修練も、
現実の生活の場と仕事の場にこそ、
最高の学びがあり、最高の修練があるということです。
そして、古くから語られる言葉に、その機微を伝えるものがあります。

小賢は山陰に遁《とん》し、大賢は市井《しせい》に遁す。

その言葉です。

すなわち、この言葉の伝えるものは、
もし私たちが本当に「人間学」を学び、「人間力」を修練したいと願うならば、その場は、「山陰」ではなく、「市井」にあるということです。

その学びと修練の場は、決して大学や寺院にあるのではなく、この日常の生活の場や仕事の場にこそあるということです。

しかし、それにもかかわらず、こうした「人間学」や「人間力」についても、現代は「知識」から入って、「知識」に終わる議論が多いようです。

私たちは、その落とし穴を理解しておかなければならないでしょう。

「人間観察」の限界

では、現実の仕事の場において、私たちは、いかにして「人間学」を学んでいくことができるのでしょうか。

そのために求められるものは、ただひとつです。


「人間」というものを深く見つめること。

そのことに尽きます。
しかし、私がこのように述べると、皆さんのなかには、
「ああ、人間観察が大切だということだな……」
と思われる方がいるかもしれませんが、それはすこし違います。
なぜならば、「人間観察」という言葉には「感情移入」がないからです。
ただ淡々と浮世の人間を眺めるといった、
やや評論家的なニュアンスが入ってくるからです。
しかし、「人間」というものを深く見つめることができる体験というのは、
かならず「こころの痛み」がともなっています。
そこには、かならず「強い感情の動き」があります。
そして、その「こころの痛み」や「強い感情の動き」をきっかけとして、
人間というものを深く見つめ、人間というものを深く考えはじめるのです。
真に「人間学」と呼べるものは、
そうした体験を通じてこそ学ぶことができるのだと思います。
そこで、また、ひとつのエピソードをお話ししましょう。

私が新入社員として会社で仕事を始めたばかりのころ、職場で、ある出来事がありました。

仕事で同じ社内のある部署に足を運んだときのことです。その部署のある課長と業務の打ち合せをして帰ろうとしたところに、やはり他の部署の女性社員が、その課長に書類をとどけにきたのです。

いわゆる「ＯＬ」と呼ばれる事務職の女性ですが、この女性とは、私も面識がありました。

気配りのできる優しい女性だったのですが、独身で三〇歳近い人でした。ところが、彼女がとどけにきた書類を渡そうとしたとき、その課長が彼女の顔を見るなり、大声で言ったのです。

「なんだ、おまえ、まだいたのか！」

このときの彼女の顔が忘れられません。優しい女性でしたから、あからさまに嫌《いや》な顔はしませんでしたが、その表情には、「なぜ、まだ、結婚しない！」という意味の、課長のこの言葉に、居所を失ったようなつらさが見えていました。
その場に居あわせた私は、この課長の発言を、
何ともいえない気持ちで聞いていました。
そして、こころのなかでは、
「何という無神経な人だ。
この女性の気持ちがわからないのだろうか……」
と考えていました。

しかし、それからしばらくして、
その課長に誘われてしばしば飲みにいくようになったころ、
すこし違った世界が見えてきました。
それは、この課長のこころの世界です。
たしかに、この課長は他人の神経を逆なでする発言や、
無神経な発言をしばしばする人だったのですが、
二人で酒を飲んでいると、その課長の問わず語りの愚痴話《ぐちばなし》から、
その課長の抱えている「つらさ」が伝わってきたのです。

それは、会社における自分の処遇に対する不満や、家庭における家族との軋轢《あつれき》の苦しさなどがないまぜになった「つらさ」でした。

この課長のこうした話を聞かされながら、しみじみと感じたことは、

「あのときの女性社員だけでなく、この課長も、誰もが、つらさを抱えて生きている……」

という切なさでした。

類型化できない人間

そして、こうした体験が私に教えてくれたものは、「深く見つめる」ということの大切さでした。

さまざまな人間が集まる職場において、人間の「こころ」というものを深く見つめることの大切さを学びました。

その意味を、もう一度、この課長のエピソードを例にとって述べましょう。

あのとき、この課長が女性社員に対して、

「なんだ、おまえ、まだいたのか！」と言う姿を見て、私が最初に思ったのは、「反面教師」ということでした。

この無神経な発言を聞いて、

「自分は、将来、もしマネジャーになっても、決して、こうした無神経な発言はしないようにしよう」

と考えたのです。

そして、その後も、内心、この課長に批判的な気持ちを抱いていました。

しかし、そうした自分の受けとめ方の「浅さ」を感じたのは、この課長とのつきあいが深まってからでした。

この課長のことを深く知れば知るほど、

この課長には、この課長の「つらさ」があることを知りました。

この課長には、この課長の「苦しみ」があることを知りました。

そして、そのとき、この課長のことを「無神経な人間」というひとつの見方で決めつけて見つめている自分の「浅さ」を感じたのです。

要するに、「裁いて」しまっているのでした。

さまざまな姿を持った人間の「こころ」というものを、単純な見方で決めつけ、「あの人は、ああいう人」「この人は、こういう人」という決めつけをして、自分のこころの深くで、人間というものを「裁いて」しまっていたのです。

不思議なほどの豊かさを持った人間の「こころ」というものを、単純な決めつけで分類してしまっていたのです。


私は、そのことを深く反省させられました。

だから、最近、書店をにぎわしているある種の本に、
私は、すこし抵抗を感じます。

『○○の人、××の人』という類《たぐ》いの本です。

人間というものを類型化して、こういうタイプの人、ああいうタイプの人という分類をする本です。

もちろん、学者的な視点で、人間というものをあえて単純に類型化するこうした本にも、それなりの役割や意義があると思います。

だから、そうした本そのものを否定するつもりはありません。

しかし、私たちのような「生きた現実」と格闘するビジネスマンが、企業や職場における「生身の人間」というものを見つめるとき、そうした本が示す単純な「性格の分類」や「人間の類型」に影響を受け、流されてはならないでしょう。

「生きた現実」や「生身の人間」には、つねに、私たちの想像を超えるほどの「不思議さ」がひそんでいるからです。

「反面教師」の落とし穴

そして、私が、自分自身の「人間の見方」の「浅さ」を感じたのは、もう一つの理由があります。

さきほど、「反面教師」という言葉を使いました。

あの課長の姿を見て、「自分は、こうした人間には、決してならない」という気持ちになったということを述べました。

しかし、この「反面教師」という感覚には、落とし穴があります。

それは、「自分は、こうした人間には、決してならない」と考えるとき、私たちのこころのなかには、無意識に「自分は、こうした人間では、決してない」という思い込みが生まれてくるからです。

実際、自分自身も、そうした思い込みを持っていました。

しかし、それは、やはり「自己幻想」でした。

新入社員のころから何年も仕事をしてきて、自分の下で仕事をしてくれる女性社員も増えてくる、後輩も増えてくる、さらには部下も増えてくるという状況になって、あるとき、痛苦な思いとともに、気がついたことがあります。

それは、ほかの誰でもない自分自身が、無意識に、他人を傷つける「無神経な発言」をしてしまっているという事実です。

だから、私は、「反面教師」という言葉の意味を誤解していたのです。

「反面教師」とは、昔からの諺のとおり、「ひとのふりみて、わがふりなおせ」なのです。

自分以外の誰かが示す姿が、実は、自分自身の姿にほかならない。
そのことを言っているのです。

別な表現をすれば、「反面教師」とは「内面教師」なのです。
ほかの誰かの姿に、自分自身の「こころ」の姿が映し出されているのです。
そのことに気がついたとき、私は、「人間学」というものにおいて
最も大切なものが何であるか、すこしわかったような気がしました。
それが、さきほどの言葉です。

「人間」というものを深く見つめること。

そして、この言葉が真に意味しているものは、
決して他人の「人間観察」ではなく、
何よりも自分自身の「内面省察《せいさつ》」にほかならないのです。
そのことに、気がつきました。

組織の末端で見えるもの

私が、この「反面教師」ということの深い意味を申し上げるのには理由があります。
それは、特に、これからビジネスマンとしての長い道を歩んでいかれる若い人のためです。
この「反面教師」ということの意味を深く理解していただければ、若いビジネスマンの方々は、
特に東洋思想の古典を読んだり、宗教的な修行をしなくとも、かならず、優れた「人間学」を身につけていかれると思います。

なぜならば、新入社員や若手社員の時代こそが、
この「反面教師」という鏡を通じて
「人間」を深く学んでいくことができる時代だからです。
それは、新入社員や若手社員の時代には、

先輩社員や上司の「良い部分」も「悪い部分」も、よく見えるからです。

失礼な言い方ですが、いわゆる「ヒラ社員」、すなわち企業の組織階層の末端にいる時代だからこそ、「人間」というものの裏表がよく見えるのです。

たとえば、上司のカバン持ちで顧客への営業についていく。

そこには、営業において上司が顧客に見せる「愛想よい営業担当者」の姿がある。

しかし、ひとたび顧客の会社を出た瞬間に見せる、上司の別の姿がある。

さきほど顧客に見せた姿とは別人のような「したたかなビジネスマン」の姿がある。

ときには、あごでこき使われ、ときには、怒鳴り飛ばされる。

「人間」というもののそうした裏も表も見えるのが、若手社員の時代なのです。


もちろん、人間的に尊敬できる優れた上司の下で働くことも、「人間学」の学びになることはたしかです。

幸い、私自身は、そうした上司に恵まれて歩んできたと思っています。

しかし、直接の上司ではないですが、かならずしも尊敬できるマネジャーではない方々の姿も見てきました。

しかし、「人間学」の学びという意味では、むしろ、そうした方々を「反面教師」として、すなわち「内面教師」として学んできたことも多かったように思います。

だから、いま振り返ってみると、私自身、新入社員の時代や若手社員の時代こそが、最も豊かな「人間学」の学びの時代であったことを感じます。

逆に、残念なことに、会社においてある程度以上の地位についてしまうと、ほとんどの人が「良い部分」しか見せてはくれません。あごでこき使われることもなければ、怒鳴り飛ばされることもない。そして、人間としての「悪い部分」を見せつけられることも、あまりなくなってしまいます。

だからこそ、若いビジネスマンの皆さんには、申し上げておきたいと思います。

いま、皆さんが組織の末端で苦労されているこの時代こそが、皆さんにとって最も大切な「人間学」の学びの時代なのです。

そして、そうした時代に「人間」というものについて何を学んだかということが、皆さんがある年齢を超えてからの成長を、大きく左右してしまうのです。

人間との格闘・こころとの正対

さて、ここまでは、「人間学」というものを学んでいくために大切なことをお話ししました。

それを、もう一度、述べておきましょう。


「人間」というものを深く見つめること。


それが、「人間学」を学んでいくために最も大切なことです。

では、「人間力」を身につけていくために大切なことは、いったい何でしょうか。

その答えも、ひとことで述べることができます。

「人間」というものと格闘すること。

それが、「人間力」を身につけていくために最も大切なことです。

もちろん、ここで述べる「格闘する」という意味は、まちがっても、職場で喧嘩《けんか》をするとか、仲間と争いごとを起こすという意味ではありません。

それは、相手の「こころ」と正対《せいたい》するということです。

その意味を、もうすこしわかりやすく説明しましょう。

「物分かり」のよいマネジャー

たとえば、最近の職場には、

いわゆる「物分かり」のよいマネジャーが目につきます。

こうしたマネジャーは、部下が仕事についての意見を申したててきたとき、

「なるほど、なるほど」と言って、部下の意見をよく聞いてくれます。

しかし、では、本心からその部下の意見に賛同しているかといえば、内心では、部下の意見とはかなり違った意見を持っています。

では、なぜ、その違った意見を部下に伝えて議論をしないのかというと、無意識に部下と衝突することを恐れているからです。

部下の価値観と自分の価値観が衝突することを恐れているのです。

したがって、こうした「物分かり」のよいマネジャーは、よく見ていると、表面的には部下の前に座ってその意見を聞いていますが、内面的には、決して、部下の気持ちと正対していません。

見た目の「物分かり」のよさとは裏腹に、部下の気持ちに正面から向きあっていないのです。

なぜならば、部下の気持ちと正対することが苦痛だからです。

部下の気持ちと正面から向き合って真剣にやりとりすることが苦しいことだからです。


たしかに、部下の気持ちと正対し、真剣にやりとりすることは、ある意味で精神的に格闘することであり、疲れることです。

だから、このマネジャーは、無意識に、そうしたことを避けているのです。

しかし、たとえば、肉体的に「体力」を高めていこうとするならば、
ある訓練に真剣に取り組み、格闘を続け、苦痛と戦いながら、
自分の肉体の限界に挑戦しなければなりません。
それをしないかぎり、「体力」が高まっていくことはないのです。

これと同じことが、「人間力」についても言えます。
きわめて高度な精神的能力である「人間力」を高めようと思うならば、やはり、
ある人間と真剣に正対し、その人間の精神と格闘し、
その精神の緊張が生み出す苦痛と戦いながら、
自分の精神の限界に挑戦しなければなりません。
それをしないかぎり、「人間力」が高まっていくことはないのです。

しかし、こうした「物分かり」のよいマネジャーは、
無意識に、そうした格闘を避け、苦痛を避けているのです。

だから、こうしたマネジャーにとっては、「物分かり」のよさとは、そうした格闘を避けるためのカムフラージュなのです。


また、最近の職場においては、「シニシズムの病」に侵されたビジネスマンも目につきます。

こうしたビジネスマンもまた、同僚や上司に対して決して正対することはありません。

つねに、「しょせん、あの課長は……」「どうせ、あの部長は……」といった姿勢で人間を冷笑的に、シニカルに見るのです。

そこには、その課長や部長のこころと正対し、正面から格闘しようという姿勢はありません。

その理由もまた、人間のこころと正対し、格闘することが苦痛だからです。

無意識に、その格闘を避け、苦痛を避けているのです。

だから、こうしたビジネスマンにとっては、シニシズムとは、そうした格闘を避けるためのスタイルにほかなりません。

職場にあふれる「優しさ」

このように、現代の職場においては、こうした「物分かり」のよいマネジャーや「シニシズムの病」に侵されたビジネスマンが増えています。
そして、これらのマネジャーやビジネスマンに共通の問題は、いずれも、「人間と正対する力」が欠けていることなのです。
そして、人間と正対する力が欠けているというこの傾向は、若手社員のなかにもしばしば見られます。
たとえば、最近の若手社員のなかには「優しさ」があふれています。
彼らは、決して、
互いの価値観や個性がぶつかりあうようなことをしないのです。
互いの「テリトリー」(領域)を暗黙に認めあい、
自分も相手の領域を侵害しないかわりに、
相手にも自分の領域を侵害しないことを無言に求めるのです。
最近の職場には、そうしたスタイルの若手社員が増えています。

これも、互いのテリトリーを越えて、相手の価値観や個性と正対することを無意識に恐れているからです。

自分の価値観と異なった価値観と対峙することを怖がっているのです。

かつて、実存主義の哲学者、サルトルが、次の言葉を残しています。


地獄とは他者のことなり。


この言葉の意味するものは、人間の「エゴ」の問題です。

「他者」、すなわち人間どうしの「エゴ」がぶつかりあうことによって、「地獄」、すなわち大きな「苦しみ」が生じることを述べているわけです。

このことは、たとえ企業の職場であろうとも、疑いようのない真実です。

だから、相手の「こころ」と正対するということは、苦しいことです。

それは、ひとつまちがえば、まさに「地獄」の苦しみになってしまいます。

しかし、そうして相手の「こころ」と正対するという修練をしないかぎり、
私たちは、決して、

「人間力」という力量を身につけていくことはできないでしょう。

それが、いかにひそやかな形であれ、エレガントな装いをとってであれ、企業の職場には、エゴとエゴのぶつかりあいがあります。
それが人間の世界であるかぎり、エゴとエゴの衝突があります。
そして、そのエゴとエゴのぶつかりあいの結果、私たちは、ときに、文字どおり「荒砥石《あらといし》」の上で砥《と》がれるような思いにかられることもあります。
また、ときに、それが「切磋琢磨《せっさたくま》」という言葉にふさわしい良き関係を生み出すこともあります。
しかし、いずれにしても、
そうした「荒砥石」の苦しみや「切磋琢磨」の苦労から逃げることなく、相手の「こころ」に正対するという修練をしていかないかぎり、
私たちは、本当の「人間力」と呼ぶものを身につけていくことはできないのです。

やまあらしのジレンマ

かつて、哲学者のショーペンハウエルが、
「やまあらしのジレンマ」という寓話を残しています。

それは、次のような物語です。

あるところに、二匹のやまあらしが住んでいました。

冬の朝、とても寒いので、二匹のやまあらしは、
互いに暖めあおうとして身を寄せあいました。
しかし、あまりに近く身を寄せあったため、二匹のやまあらしは、
自分の体に生えているハリによって、互いに相手を傷つけてしまいました。
その痛みから、二匹のやまあらしは、互いに相手から離れたのですが、
今度は、また、寒くてたまらなくなりました。
そこで、ふたたび二匹のやまあらしは、身を寄せあいました。
するとまた、互いに相手を傷つけてしまったのです。

こうして、二匹のやまあらしは、
離れたり、近づいたりすることを繰り返し、
ついに、最適の距離を見出したのです。

現代の職場においては、このショーペンハウエルの寓話が示す「やまあらしのジレンマ」があふれています。


多くの人々が、互いの距離のとりかたがわからずに苦しんでいます。

そして、相手に近づきすぎて互いに傷つけあってしまうことを恐れ、近づかないようにしてしまうのです。

しかし、それは「最適の距離」ではなく、互いが絶対に傷つかない「安全な距離」にほかなりません。

そして、その「安全な距離」においては、互いがこころの寒さを感じるだけでなく、互いのこころが成長していくこともできないのです。


ここに、人間と正対する力を失ってしまった、私たちの姿があります。

そして、人間と格闘する力を失ってしまった、私たちの姿があります。


しかし、人間と正対し、人間と格闘することを抜きにして、私たちが「人間力」というものを身につけていくことはできないのです。
ひとりの人間として成長していくことはできないのです。
だから、私たちは、この言葉を胸に刻んでおくべきなのでしょう。

人間との格闘こそが、人間力を磨くための唯一の道である。

いま、書籍や雑誌において
「人間学」や「人間力」という言葉が躍る時代であるからこそ、
そして、「人間学」や「人間力」が、
体験としてではなく、知識として語られる時代だからこそ、

私たちは、この言葉の意味を
深く理解しておかなければならないのでしょう。

第七話

地位

部下の人生に責任を持つ覚悟

マネジャーの責任を嘆く仲間

ここまでの六話では、「自己の成長」ということをテーマに考えてきました。
そこで、この第七話においては、
「他者の成長」ということをテーマに考えてみましょう。
そして、このテーマを考えることを通じて、企業や組織における
「マネジャー」という地位の持つ意味について考えてみましょう。
また、ひとつのエピソードを紹介することから始めさせてください。

大学を卒業して二〇年以上経ったころ、久しぶりの同窓会がありました。
その席で、しばし話題になったのが、「マネジャーの責任」ということでした。
同窓会のならいで、久しぶりに会った仲間どうしは、まず、お互いに
名刺交換をします。すると、当然のことながら、仲間の多くは、
すでに名刺の肩書きが「部長」や「課長」などのマネジャーになっていました。
そこで、「おやおや、〇〇君も出世しましたね」

「いやいや、肩書きだけで、実態は雑用係ですよ」といったたわいもないやりとりから始まった会話だったのですが、そのうち、だんだん本音が出はじめました。

「そうはいっても、管理職は大変だよ……」

「責任だけ多くて、報酬は少ないからね……」

「上からは仕事がどんどん降ってくるし、下からは突き上げられるし、この板ばさみは結構つらいね……」

そんな調子です。

しかし、そうしたやりとりを横で聞いていた、ある仲間が口をはさみました。

彼もやはりマネジャーになっていたのですが、おそらく、その場のサラリーマン的な雰囲気のやりとりに水をさそうとしたのでしょうか、すこし醒《さ》めた調子で、こう言ったのです。

「責任を持たされるのが嫌ならば、マネジャーなどにならなければいいんだよ……」

その発言を聞いて、しばし場は静かになりましたが、誰かが、あいづちを打つように言いました。

「たしかに、そうだな……。みんな、愚痴をこぼしているようで、その責任の重さが、結構、働き甲斐になっているんじゃないのかな……」

この発言で、その場にいた仲間は、それぞれに、何かを感じたようです。

責任を「喜び」とする人々

そのとき、マネジャーになった仲間たちのこの会話を聞きながら、私は、ある言葉を思い出していました。

「ノブリス・オブリージュ」


その言葉です。

ご存知のように、これはヨーロッパなどでよく使われる言葉であり、「高貴な人の義務」という意味の言葉です。

すなわち、社会のエリートたちは、その高貴な身分にともなった義務を負っているという考えです。

たしかに、英国などでは、この「ノブリス・オブリージュ」という考え方が上流階級に浸透しており、ひとたび戦争になると、貴族の子弟は、戦場で先陣を争って戦い、その結果、戦死率も他の階層出身の人々よりも高かったと言われています。

すなわち、これらの社会のエリートたちは、いざとなれば命を賭《と》するまでに自分たちの義務と責任に対して強い自覚を持っていたわけです。

しかし、実は、この「ノブリス・オブリージュ」という精神の伝統の最も優れているところは、単に義務感や責任感が強かったということではありません。

その最も優れているところは、もうすこし深いところにあります。

それは、彼らが、その義務や責任を「喜び」としていたということです。

そうした義務や責任を負うことを、自分自身の「喜び」としていたということに、この精神の伝統の最も優れたところがあるのです。

マネジャーという地位の意味

そして、さきほどのマネジャーになった仲間たちの会話を聞きながら、この言葉を思い出した理由は、私は、マネジャーという職も、実は、この「ノブリス・オブリージュ」の世界であると思っているからです。

すなわち、企業や組織においてマネジャーという「地位」を得るということは、やはり義務と責任を負うことであり、そして、何よりも、そうした義務や責任を負うことを、自分自身の「喜び」とするということだと思うのです。

しかし、それにもかかわらず、最近の風潮は、マネジャーの負う義務と責任は、マネジャーの持つ権利と権限に対する「補償」のごとく考えられているようです。

すなわち、マネジャーには、

権利と権限という「プラス」も与えられている代わりに、義務と責任という「マイナス」も与えられているという感覚です。

だから、ときおりマネジャーの方々から、

「義務ばかり負わされて、権利が与えられていない」といった不満や、「責任ばかり大きくて、権限が小さい」という愚痴が聞かれるのでしょう。

もちろん、マネジャーの負う義務と責任は、マネジャーの持つ権利と権限と「一対」のものであるという感覚は、まったく正しいのですが、義務と責任は「マイナス」の要素であり、権利と権限は「プラス」の要素であるという感覚は、かならずしも正しくありません。

そうした誤解を象徴しているのが、いま、世の中にあふれている、マネジャーという「地位」を、「報酬」や「特権」であると考える傾向です。

たとえば、サラリーマンどうしの会話でしばしば耳にするのが、マネジャーになった人間に対して「出世しましたね」という挨拶です。そして、「給料が上がったでしょう」という質問や、「何人ぐらいの部下がいるのですか」という質問です。

こうしたやりとりの背景にあるのは、マネジャーという「地位」が、あたかも、仕事の「報酬」であり、自分が獲得する「特権」であるかのごとく錯覚しているサラリーマン意識です。

しかし、本来、マネジャーを志望するということは、決して、出世への階段を求めてでもなければ、給料が上がることを期待してでもない。ましてや、大勢の部下を持って権力を誇示したいからでもないと思うのです。

マネジャーになるということは、義務と責任を求めてなるものであると思うのです。

では、なぜ、私たちは、義務と責任を求めてマネジャーになろうとするのでしょうか。

私は、その理由は、二つあると思っています。

「リスク」が鍛える精神

一つは、義務と責任が、仕事の「働き甲斐」につながるからです。

たとえば、マネジャーとして顧客に対する義務と責任を果たすということは、顧客の喜ぶ顔を見ることができるということです。

また、マネジャーとしてあずかった組織の目標を達成するということは、その組織に所属する部下の喜ぶ顔を見ることができるということです。

そして、顧客や部下の喜ぶ顔を見ることそのものが、マネジャーにとっての「働き甲斐」になり、「喜び」になっていくのです。

それが、冒頭の同窓会で仲間の一人が語った、

「たしかに、そうだな……。みんな、愚痴をこぼしているようで、その責任の重さが、結構、働き甲斐になっているんじゃないのかな……」

という言葉の意味なのです。

もう一つは、義務と責任が、人間を成長させてくれるからです。
マネジャーは、義務と責任を負うことによって、
ひとりの人間として大きく成長できるのです。
しかし、その意味は、さらに二つあります。

一つの意味は、「仕事のリスク」に責任を持つことによって
成長できるという意味です。

ビジネスにおける仕事というものは、かならず何がしかの「リスク」があります。
それは生きた現実の世界であるかぎり、
決して「ゼロ」にすることはできないものです。
そして、決して「ゼロ」にすることのできない「リスク」に対して、
自分自身が最終責任を持つという立場に立つことは、
人間の精神を鍛え、成長させてくれます。
逆に言えば、過去にやってきた仕事において、
まったく「リスク」を取ることなく歩んできたビジネスマンは、

精神的な「甘さ」の抜けない「スポイル」された人材となってしまいます。
そして、残念ながら、そうしたビジネスマンの例は、
いまの日本においては決して少なくないでしょう。

このように、「仕事のリスク」に責任を持つということは、
そのマネジャーの立場に立つ人間の精神を鍛え、成長させてくれます。
そして、そうした自分自身の精神の成長を感じることが、
マネジャーにとって、深いレベルでの「喜び」となっていくのです。

部下の人生に責任を持つとは

では、「義務と責任が人間を成長させてくれる」ということの
もう一つの意味は何でしょうか。

それは、「部下の人生」に責任を持つことによって
成長できるという意味です。

すなわち、マネジャーの「地位」を得るということは、
「部下の人生」に責任を持つということなのです。
そして、マネジャーは、部下の人生に責任を持つことによって、
ひとりの人間として大きく成長していくことができるのです。
それは、なぜでしょうか。

「部下の人生」に責任を持つとは、
「部下の成長」に責任を持つことだからです。

マネジャーが「部下の人生」に責任を持つということは、具体的には、部下としてあずかる人々の、職業人としての成長や人間としての成長を支えるということです。

当然のことですが、部下の人生に責任を持つという意味は、決して「直接的に責任を持つ」という意味ではありません。

部下の人生に直接的に責任を持つのは、あくまでも、その部下本人です。

マネジャーは部下の人生に「間接的に責任を持つ」のです。

「部下の成長」に責任を持ち、それを支えることによって、間接的に「部下の人生」に責任を持つのです。

この点を正しく理解しておく必要があります。

部下の成長を支える条件

では、どうすれば、マネジャーは、「部下の成長」に責任を持ち、それを支えていくことができるのでしょうか。

この問いに対して、「いかに部下を指導するか」や「どうすれば部下を教育できるか」といった視点で、多くの議論をすることもできるでしょう。

しかし、私は、「部下の成長」を支えるために、マネジャーに求められるものは、究極、ただひとつであると思っています。

それは、何でしょうか。

自分自身が成長すること。

そのことに尽きると思っています。

マネジャーが、ひとりの職業人として、ひとりの人間として、どこまでも成長し続けていくこと。

そのことが最も大切なことであると思っています。

そして、もしマネジャーが、どこまでも成長していきたいと願い、どこまでも成長していくことができるならば、

部下は、黙っていてもその姿から何かを学んでくれるでしょう。

そして、「成長するマネジャー」のいる職場には、黙っていても「成長のエネルギー」に満ちた空気が生まれてくるでしょう。

「成長の場」とでも呼ぶべきものが生まれてくるでしょう。

その「場」こそが、部下の成長を支えるのです。

そして、マネジャーは、そうした「場」を生み出すことを通じてこそ、部下の成長に責任を持ち、それを支えていくことができるのです。

「いかに部下を指導するか」や「どうすれば部下を教育できるか」といった議論は、実は、そのあとにやってくるべき議論なのです。

なぜならば、「教育」というものに最高の方法があるとするならば、それは「成長の方法」を教えることだからです。

ひとりの職業人として、ひとりの人間として、どうすれば成長していけるか。その方法を伝えることこそが、最高の教育だからです。


そして、「成長の方法」とは、その最も高度な部分は、言葉にして表わせない「暗黙知」なのです。

それは、「こころの姿勢」や「こころの置き所」とでも呼ぶべき、言葉にならない世界なのです。

したがって、この「成長の方法」の神髄を部下に伝えるには、何よりも、マネジャー自身が成長していく姿を見せることが、最高かつ唯一の道なのです。

だから、マネジャーに求められるものは、究極、ただひとつのことです。

自分自身が成長すること。

成長し続けること。

そのことによってこそ、マネジャーは、「部下の成長」を支えていけるのです。

そして、だからこそ、「部下の成長」に責任を持つことによって、マネジャー自身が成長していけるのです。

そして、そのとき、マネジャーは、部下が成長していく「喜び」と、自分自身が成長していく「喜び」の二つを味わうことができるのです。

マネジャーが腹をくくるとき

しかし、私が、

「マネジャーは、自分自身が成長することによってこそ、部下の成長を支えていけるのです」

などと述べると、皆さんからは、謙虚な疑問の声があがりそうです。

「マネジャーにとって、自分自身が成長することの大切さはわかります。

しかし、残念ながら、私は、自分自身が成長していることに自信が持てません」


そうした声です。

たしかに、そうした気持ちは理解できます。

私自身も、部下の成長に責任を持てるほど、自分自身が成長できているかと考えると、そうした謙虚な気持ちにならざるを得ません。

ときには、自分自身が未熟な人間であるため、部下の成長を阻害《そがい》してしまっているのではと考えてしまうこともあります。

だから、皆さんがこうした謙虚な疑問を抱く気持ちは、
私自身、よくわかるのです。

しかし、私は、ひとりのマネジャーとして、この問題を考え、
最後に、ひとつの答えにたどりつきました。


それは、発想を逆転させることです。

自分自身が成長しているから、マネジャーの地位につくのではない。
マネジャーの地位につくから、自分自身が成長していかなければならない。

そうした発想の逆転をしたのです。
すなわち、マネジャーの地位につくとは、
逃げようもなく、部下の成長を支える立場に立つことであり、
部下の成長を支えるためには、誰よりも自分自身が、
職業人としての力量や人間としての力量を磨いていかなければなりません。
だからこそ、マネジャーの地位につくことによって、私たちは、
みずから大きく成長していくことができるのです。
私は、そう、腹をくくりました。

ノブリス・オブリージュの新しい意味

そして、マネジャーの地位につくとは、ある意味で、
そうした「腹をくくる」ということであり、

「覚悟する」ということにほかならないのです。

地位とは、部下の人生に責任を持つ覚悟にほかならないのです。

しかし、もし私たちが、「部下の人生に責任を持つ」と覚悟を定め、
マネジャーの地位につくならば、私たちは、現代においても、
「ノブリス・オブリージュ」の精神を体現することが
できるのではないでしょうか。
「高貴な人の義務」という言葉が表わす精神です。
しかし、現代においてマネジャーが体現する
「ノブリス・オブリージュ」の精神とは、
かつての「高貴な人の義務」という意味ではなくなっていくでしょう。
そうではありません。
それは、「高貴な人が覚悟する義務」という古い意味ではなく、
その逆の「義務を覚悟する人の高貴さ」という新しい意味を
獲得していくのでしょう。

たしかに、これまでも、
職場のマネジャーが部下の成長に責任を持つと覚悟を定め、
互いに切磋琢磨し、部下の成長を支えている姿には、
マネジャーが醸《かも》し出す「高貴さ」とでも呼ぶべき香りや雰囲気がありました。

私自身も、若手社員であったころ、そうしたマネジャーの方々との邂逅《かいこう》を得て、
ここまで歩んでくることができました。

目に見えない大きな報酬

だから、マネジャーになるとは、決して、
「責任ばかり重くて、報われない苦労をする立場」に立つことではありません。
そうではありません。
マネジャーになるとは、
「責任が重いおかげで、報われる苦労ができる立場」に立つことを
意味しているのです。

それが、私の実感です。
だから、私は、毎年末の恒例になっている私の職場のクリスマス・パーティで、
次のような挨拶をすることがあります。

「一年間、ご苦労さまでした。
皆さんのおかげで、この組織もよい仕事をすることができました。
そして、この一年間、皆さんそれぞれが、また、大きく成長されたと思います。
しかし、もしかしたら、この組織のマネジャーである私自身が、
いちばん成長させていただいているのかもしれません。
今年一年、ありがとうございました」

そうした挨拶です。
そして、その挨拶をしながら、いつも思うのは、
マネジャーが重い荷物を背負うのは、
決して、部下の成長のための自己犠牲ではない、ということです。

マネジャーが重い荷物を背負うのは、
部下の成長のための自己犠牲ではありません。

部下の成長を支えることを通じて、
何よりも、自分自身が大きく成長していけるからであり、
それは、誰よりも、自分自身のためなのです。

他人の人生に責任を持つ者が、最も成長できる。

この言葉は、人生の「理《ことわり》」ではないでしょうか。

だから、この「理」を深く理解するとき、私たちは、
マネジャーという地位が、
決して金銭的な報酬だけでは測れない、
目に見えない大きな報酬をともなった
恵まれた地位であることを知るのです。

そして、マネジャーという仕事が、
生涯をかけて担うに足るだけの、
真に価値ある仕事であることを知るのです。

第八話

友人

頂上での再会を約束した人々

苦しみと迷いのさなかで

ここまでの七つの話では、「仕事の報酬は、成長である」という思想を軸に、さまざまな視点から「成長」ということについて述べてきました。

しかし、これまでの七つの話を聞かれて、皆さんは、仕事を通じて成長していくことの素晴らしさとともに、そのことの厳しさについても感じられたのではないでしょうか。


たしかに、そうだと思います。

やはり、成長していくというプロセスには、さまざまな困難や障害が横たわっています。

だから、そうした困難や障害に突き当たったとき、私たちのこころには苦しみが生まれ、気持ちには迷いが生じます。

「ああ、苦しい。こんな苦しみならば、成長などできなくてもいいから、とにかく逃げ出したい……」と思うときや、

「なぜ、自分は、みずから進んでこんな苦労をしているのだろうか。もっと楽な道があるはずなのに……」といった心境になるときがあります。

では、そうした苦しみや迷いのさなかにあって、私たちを支えてくれるものは何でしょうか。


もちろん、第三話で述べたように、胸に抱いた大きな「夢」や「目標」が、私たちを支えてくれるときがあります。

また、第七話で述べたように、マネジャーとしての強い「責任感」と「覚悟」が、私たちを支えてくれるときがあります。


しかし、私は、そうした苦しみや迷いのなかにあるとき、私たちを支えてくれる、もう一つの大切なものがあると思っています。

それは、何でしょうか。

それは、「友人」です。

「友人」が、苦しいときや迷いのときに、私たちを支えてくれます。
しかし、こう申し上げると、皆さんは、
「ああ、苦しいときに相談に乗ってくれる友人のことか……」
と思われるかもしれません。また、
「ああ、つらいときに励ましてくれる友達のことだな……」
と思われるかもしれません。
そして、仕事を離れてときおり集まる大学時代の親友や
同期入社の仲間のことなどを思い起こされるかもしれません。
しかし、ここで私が言う「友人」とは、決してそうした意味ではありません。
もちろん、大学時代の親友や同期入社の仲間が、
私たちを支えてくれることもあります。
たとえば、仕事で壁に突き当たったときに、
大学時代の親友に相談に乗ってもらうことで気持ちが楽になるときがあります。

とはいっても、実際には、職業も仕事も違うそうした親友から何か適切なアドバイスがもらえるわけではなく、「愚痴を聞いてもらったら、気持ちが楽になった」ということも多いのですが……。

また、仕事がつらいと思ったときに、同期入社の仲間と一杯飲みながら話をすると、彼もまた、同じように仕事で苦労していることを知って、「ああ、こんな苦労をしているのは自分だけではないんだ……」と、すこし救われた気分になるときがあります。

だから、たしかに、そうした意味での「友人」もありがたいものです。

しかし、ここで私が「友人が私たちを支えてくれる」という意味は、もうすこし違う意味です。

それは、顔を合わせることもなく、言葉を交わすこともない「友人」が、私たちを支えてくれる、という意味なのです。

では、そうした「友人」とは、
いったい、どのような「友人」なのでしょうか。
そのことをお話しするために、
また、ひとつのエピソードを紹介しましょう。

友人の無言の励まし

一九八二年の春。私が会社に入って一年が過ぎようとしていたころのことです。
突然、大学時代の友人から会社に電話がありました。
名古屋にある大学で建築学科の助教授になっていた友人でした。
「久しぶりに東京に出てきたので、会いたい」との彼の突然の電話で、
会社の近くのレストランで一緒に昼食を食べることになりました。
しかし、久しぶりに会った彼は、「おまえ、仕事の調子はどうだ」とも聞かず、
いつものようにガハハと高笑いをしながら、自分の研究室の話ばかりするのです。
「最近の大学生は、扱うのが大変だ」などと、
自分がどれほど扱いにくい大学生であったかなど棚にあげて、

そんなことを大笑いしながら楽しげに話すのです。
そこで、こちらもそんな話につられて、負けずに
「大学の研究室など楽なもんだよ。実社会の仕事は大変だぞ」などと
憎まれ口をたたいて応酬します。
そんなたわいもない会話をしているうちに、
あっという間に昼食時間が過ぎてしまいました。
会社に戻らなければならない私は、レストランを出て、
「じゃあ、またな。次に会うのは何年先になるかな……」
と言って別れようとすると、ふと、彼が真顔になって言うのです。

「安心したよ……」

突然、そんなことを言うのです。その言葉の響きと、私を見つめてくる目に、
なぜか真剣なものを感じながら、私は聞き返しました。
「なにが、安心したんだ……」

すると、彼は、すぐにさきほどまでの笑い顔にもどって言いました。
「安心したんだよ。
おまえが会社に入ったというから、心配してたんだよ。
ただのサラリーマンになってしまったんじゃないかと思ってな……。
だけど、おまえの顔を見て、安心したよ」
彼は、そう言って、つけくわえました。
「おまえ、昔と変わらず、目が生きてるな……。
何も心配なんかする必要はなかったようだな。ア、バ、ヨ」
そう言って、ガハハと高笑いしながら、
彼は振り向きもせず、帰っていきました。
そして、その後ろ姿を見送りながら、
私は、考えていました。

「いつもながら、不思議なやつだな……。
こんなときに、見透かしたように、ちゃんと現れる……」

そう考えていました。
なぜなら、そのころの私は、正直に言えば、迷っていたからです。
大学院時代に「研究者」としてめざしてきたものと、
民間企業で「ビジネスマン」としてやれることのギャップのはざまで、
迷っていたからです。
もちろん、いま振り返れば、私が入社して配属になった職場には、
尊敬できる上司や共感できる仲間がたくさんいましたし、
それなりにやりたい仕事もさせてもらっていたのですが、
やはり、自分の抱いている理想と企業社会の現実のはざまで
悪戦苦闘していたのです。
そして、ときおり、企業社会の現場が持つ「何か」に、
気持ちが萎《な》えそうになっていたのです。

彼が現れたのは、まさに、そんなときでした。

彼は、大学時代、そして大学院時代を通じて、熱い議論を交わし続けた友人でした。

彼は、大学院では「防災」をテーマに研究をしていました。

そして、私は「環境」をテーマに研究をしていました。

だから、二人が議論をすると、共通のテーマである「安全」という問題をめぐって、そして、そうした問題を生み出す社会をいかに変えていくかについて、いつも熱心な議論をしていたのです。

もちろん、いま振り返れば、ずいぶん青臭い「理想論」や「書生論」を語っていたのですが、彼とは、お互いにめざしている「何か」を深く理解しあっていました。

だから、私は、突然やってきて、ひとこと言い残して去っていく彼の後ろ姿を見送りながら、しみじみと感じていました。

よき友人を持ったことを。
そして、その友人に無言の励ましを受けたことを。

しかし、その彼とは、それから今日までの一七年間、一度も会っていません。
そして、私は、それでよいと思っているのです。
その理由をお話しするために、
もうひとつのエピソードをお伝えしたいと思います。

「政治の季節」の記憶

一年あまり前のことです。
私は、いつものように、朝の自宅で新聞を読んでいたのですが、
ふと、ある記事に目が止まりました。
それは、その新聞社が主宰している環境分野での賞に関する記事でしたが、
たまたま、その年度の受賞者を大きく紹介していたのです。
しかし、その受賞者の名前を見たとき、私は、思わず深い感慨をおぼえました。

なぜならば、それは、私の大学時代の友人だったからです。
その受賞者は、ある大学の研究室の教授でしたが、
その教授は、私の大学時代の友人だったのです。
だから、新聞に載った彼の名前を見つめながら、
懐かしさが胸にこみあげてきました。
そして、思いました。

「やはり、彼は、歩みを止めていなかった……」

そう思いながら、私は、三〇年近い昔のことを思い出していました。
それは、その友人と過ごした大学時代のさまざまな記憶でしたが、
そのなかでも、特別にこころに残っている、ある記憶がありました。

それは、私が大学一年生であった一九七〇年のときのことです。
あのころは「政治の季節」でした。
一九六八年を頂点とした全国大学闘争は過ぎ去っていたものの、

その直後の一九七〇年には安保反対闘争があり、
その年の六月二三日には、私の大学の新入生三〇〇〇名のうち、
二五〇〇名以上がデモに参加したという時代でした。
したがって、まだ大学のキャンパスには、学生運動の立て看板が林立し、
政治活動のビラが大量にまかれていた時代でした。
そうした「政治の季節」のさなかにあって、あるとき、
私の所属するクラスで討論が行われたのです。
それは、六月二三日を目前にして、安保反対のために
ストライキをやるべきかどうかというテーマでの討論でした。
そして、その討論のなかでいちばん勢いよく意見を述べていたのが、
いわゆる「過激派」と呼ばれる学生でした。
しばしば、ヘルメットをかぶり、タオルで覆面をし、
「ゲバ棒」と呼ばれる棒を手に、キャンパスで
バリケード・ストライキなどをやっていた過激な政治グループです。
そして、このときも、クラス討論は、彼らのグループのリードで
過激な議論に流れようとしていました。

「六月二三日の日米安全保障条約自動延長に反対すべく、全学無期限バリケード・ストライキを決行すべきである」というのが、彼らの主張でした。

いま思えば、ただただ過激であることをもって「革命的」であると錯覚している若者たちの稚拙《ちせつ》な議論にすぎないのですが、クラス討論の雰囲気がそうした彼らの主張に流されそうになっていたときのことです。

それまで黙っていたその友人が、自己陶酔的な過激さに流されようとしている議論の雰囲気にくさびを打つかのように、発言をしたのです。

その発言は、短く静かな語り口のものでしたが、私のこころには、生涯残るほどの強い印象を与えました。

それは、こうした発言でした。

「君たちの無期限バリケード・ストライキという主張には賛成できない。しかし、それは、無期限バリケード・ストライキが難しいからではない。それが、あまりにも簡単なことだからだ。

大した警備体制も持っていない大学職員の抵抗を押し切って、

教室の机を壊し、遊びごとのようなバリケードを築き、無期限と称するストライキを打つことなど、実に簡単なことだからだ。しかし、我々にとって、本当に苦しい戦いがあるとするならば、それは『バリケード・ストライキ』でも、『国家権力との戦い』でもない。いま我々が語りあっている『この社会をより良きものにしよう』という思いを、大学を出たあとも長くこころに抱き続け、その思いを実現するために、いかなる困難があっても歩み続けることではないのだろうか」

そうした発言でした。そして、彼は、その発言の最後を、こう締めくくりました。

「もし、バリケードを築くのならば、大学のキャンパスにではなく、自分のこころのなかに築くべきではないだろうか。もし、君たちが、本当に『この社会をより良きものにしよう』と考えているのならば、聞きたい。これから三〇年たったときにも、君たちは、いまと変わることなく、その思いを持ち続けているだろうか」

しかし、彼のその発言は、その後ただちに巻き起こった過激派のグループの猛烈な反論にかき消されてしまいました。

その反論の内容がどのようなものであったかは、私には思い出せません。

三〇年どころか、三〇分さえも人のこころに残ることのない空虚で観念的な社会変革の思想が語られたからでしょう。

しかし、その友人の語ったその言葉は、
三〇年近い歳月を経たいまも、
私のこころのなかに残っています。

三〇年の歳月を超えて

そのクラス討論をきっかけに、その友人とは、
それから大学院の時代まで、さまざまな社会問題を語りあい、
そうした社会を変えていくことの大切さを語りあってきました。

ときに、大学の寮で夜が明けるまで語りあい、
ときに夏の学生村で一緒に勉強をしながら語りあってきました。
しかし、それほど多くを語りあい、理解しあってきた仲であるにもかかわらず、
大学院を出たあとは、私が民間企業に就職したこともあり、
互いに連絡をとることもなく、互いが何をしているのかを知ることもなく、
歳月を重ねてきたのです。

そして、気がつけば、一七年の歳月が流れていました。
しかし、私は、その歳月を歩みながら、壁に突き当たったとき、
しばしば、あのときの彼の言葉を思い起こしていました。

「本当に『この社会をより良きものにしよう』と考えているのならば、聞きたい。
これから三〇年たったときにも、君たちは、
いまと変わることなく、その思いを持ち続けているだろうか」

私は、しばしば、その言葉を思い起こしていました。

そして、考えていました。

「彼は、本当に、あのころの思いを持ち続けて歩んでいるのだろうか」

そして、そう考えると、ときおり、彼のあの発言に対するネガティブな気持ちが湧きあがってくることがありました。

それは、自分自身が壁に突き当たって苦しんでいるときが、ほとんどなのですが……。

「もしかしたら、あのときの彼の言葉そのものも、一種の『自己陶酔』だったのではなかったのだろうか。そして、現実の厳しさの前で、さすがの彼も、その『自己陶酔』から醒めたのではないのだろうか」

そうした気持ちです。

しかし、そうしたネガティブな気持ちが湧きあがってきたあとには、なぜか不思議なことに、「いや、きっと、彼は、あの歩みを続けている」という思いがやってくるのでした。
そして、「きっと、彼は」というその思いが、いつも私を励ましてくれました。
顔を合わせることもなく、言葉を交わすこともない、
あのときの彼の言葉が、いつも私を励ましてくれました。
そして、失敗と挫折に満ちた拙い歩みを繰り返しながらも、
私が、何とかここまで歩んでくることができたのは、
そうした励ましによってでした。

だから、その朝の新聞で、環境賞の受賞者にその友人の名前を見出したとき、
私は、深い感慨をおぼえたのです。

「やはり、彼は、歩みを止めていなかった……」

彼と出会ってから、二八年の歳月が流れていました。

顔を合わせることのない友人

これが、「友人」ということです。

何十年もの長き歳月を別々の道を歩み、
そして互いに顔を合わせることがなくとも、
互いに言葉を交わすことがなくとも、
無言の励ましを送りあうことのできる友人。

それが、私にとっての、「友人」ということの意味です。
そして、私は、幸せなことに、そうした「友人」に恵まれています。
やはり、先日、テレビの教育番組を見ていたら、
もうひとりの「友人」を見かけました。
彼もまた、大学時代、熱い思いを語りあった「友人」でした。
勉強家の彼は、多くの本を読み、いつも私に、深い思想を語ってくれました。

その彼が、テレビで家庭教育について語っていたのです。
家庭教育の専門家として、本を書き、テレビに出演して、
現代の家庭教育の問題を情熱を込めて語り続けるその姿は、
すこし白髪が増えたことを除けば、かつての大学時代と
すこしも変わっていません。
また、先日、新聞を読んでいると、ある書籍編集者の記事が載っていました。
出版界にあって、旧《ふる》い制度を打ち壊して、新しい書籍づくりをめざしている
ある編集者についての記事でしたが、その編集者もまた、私の「友人」でした。

しかし、私は、こうした「友人」の消息を知っても、
決して連絡をとったり、旧交を温めたりすることはありません。

それは、必要ないのです。

彼らも、また、歩み続けている。
そのことを知っただけで十分なのです。

なぜならば、まだ、私たちは、道半ばだからです。

そして、この道の彼方で、彼らとは
かならずふたたび巡り会えると思っているからです。

おそらく、いつの日か、彼らとふたたび巡り会うのは、
ひとつの山の頂《いただき》においてなのでしょう。

一人ひとり、登っていく道は違っても、
めざす頂は、ひとつだからです。

いつか、その頂上で、再会する。

そのことを信じ、私は登り続けていくだけです。

拙い歩みながら、ただ登り続けていくだけです。

その私のこころのなかには、感謝があります。

若き日に、こうした素晴らしい「友人」たちに巡り会えたこと。
そのことに対する感謝です。

なぜならば、私は、
その素晴らしい「友人」たちから送られる
無言の励ましに支えられ、
こうした成長の道を歩んでくることができたのですから。

第九話

仲間

仕事が残すもうひとつの作品

仕事の作品とは何か

全一〇回のこのシリーズ・トークも、いよいよ最後に近づいてきました。
第二話では、「仕事の報酬とは何か」について皆さんと一緒に考えてみました。
そして、「仕事の報酬は人間としての成長である」という
私の考えをお話ししました。
私たちが一生懸命に仕事をしたときに与えられる真の「報酬」は、
何よりも「人間としての成長」であるという思想をお話ししました。
では、私たちが、そうして一生懸命に仕事をしたとき、
この世の中に残す「作品」とは、いったい何でしょうか。
この第九話では、そのことについて皆さんと一緒に考えてみたいと思います。

仕事の作品とは何か。

それが、この第九話のテーマです。

また、ひとつのエピソードをお話しすることから始めさせてください。
私が新入社員のころ、工場で新人研修を受けたことをお話ししました。
この工場での研修において学んだことはいろいろありましたが、
ひとつ印象に残っているのは、製品を出荷するときです。
組み立てが終わり、完成した製品を、その製造に携わった作業員が、
一体一体、ていねいに布で拭《ふ》き、箱に収めて出荷していくのです。
そのときの様子は、まるで芸術家が美術の作品を仕上げるときの雰囲気を
感じさせるものでした。
そして、そうした姿を見ていると、あらためて、
こうした工場やメーカーの仕事においては、出荷する製品そのものが
ひとつの「作品」であることを教えられました。
もちろん、こうした雰囲気は、たまたま、その製品が
きわめて高度な品質管理が求められる製品であったことも背景にはあるのですが、
いずれにしても、「仕事の作品とは、顧客にとどける製品そのものである」
という思想は、日本の製造業には広く浸透しています。

そして、そうした思想は、昨今では、製造業だけでなくサービス業にも広がり、「仕事の作品とは、顧客にとどけるサービスそのものである」という思想と、「顧客に質の良いサービスを提供する」という思想が一対になって浸透してきています。

さらに、こうした思想は、シンクタンクやコンサルティング・ファームなどの知識サービス業にも広がってきており、いまでは、「顧客に対して提出する報告書は、我々の仕事の作品である」という思想も、ある意味で当然の感覚となりつつあります。
そして、私自身、ひとりのマネジャーとして、こうした「顧客へとどける商品やサービスこそが、我々の仕事の作品である」という思想を語ることは、しばしばあります。

しかし、この第九話においては、この「仕事の作品とは何か」ということを、すこし別な角度から考えてみたいと思います。
なぜならば、仕事には、もうひとつ別の作品があるように思われるからです。

「商品とサービス」以外に、もうひとつ別の作品があると思われるのです。
そこで、そのことを考えていただくために、
もうひとつのエピソードを紹介させてください。

辞令一枚で転属になった仲間

一九八一年の暮れのことです。

その年の春に、ある民間企業に入社した私は、半年間の新人研修を終え、エネルギー産業に関連したある事業部に配属になりました。

大学院でエネルギー産業の環境問題を研究してきたことから、その事業部で、やはりそうした分野のプロジェクトに取り組むことになっていたからです。

その事業部に着任して二カ月あまりたった年の瀬でした。

その事業部の若手社員が集まって飲みに行ったときのことです。

酒の席とはいえ、やる気にあふれた若手社員の集まりです。

その飲み会でも、いつものように、
その事業部の将来ビジョンについての話題に、花が咲いていました。

そして、そうした雰囲気のなかで、私も、いつものように仕事の夢を語っていました。

「この会社を環境技術に関するリーディング・カンパニーにしよう」

「そのことを通じて、社会のエネルギー問題と環境問題の解決に貢献しよう」

熱を込めて、そんな話をしていたと思います。

そして、その場にいた職場の仲間たちも、熱心に私の話を聞いてくれていました。

その場は、事業部の将来ビジョンを掲げ、若手社員が力をあわせて何かをやってみようという雰囲気で盛り上がっていました。

しかし、そのときです。

それまで黙って私の話を聞いていた仲間の一人のM君が、すこし酒に酔ったような雰囲気ながら、しかし、はっきりとした口調で、こう言ったのです。

「さきほどから君が一生懸命に話しているエネルギー産業の環境問題のビジョンや夢は、いいと思うよ。

しかし、この事業部のメンバーがみんな君のような夢を描けるわけじゃない。

君はいいだろう。大学で環境問題を研究してきて、
環境技術のプロジェクトをやっているのだから。

しかし、自分は、大学の鉱山学科を出て、この会社に入ってきたんだ。

そして、鉱山で働きたくてこの会社に入ったんだ。

それにもかかわらず、会社の辞令一枚で、この事業部に配属になったんだ。

だから、自分はエネルギー産業の環境問題というものに
君ほど簡単には夢を描けない。

そうした君とは違う人間がいることを忘れないでもらいたいね……」


このM君の発言は、胸にこたえました。

たしかに彼の言うとおりなのです。

企業においては、かならずしも自分のやりたいことができるわけではない。

いや、むしろ、本当にやりたいことができる境遇にあるビジネスマンは、

この企業社会においては、きわめて少数なのでしょう。

だから、彼の言葉が、深く胸にこたえたのです。


私は、反論の言葉もなく、黙しました。

そして、考えたのです。自分がもし彼の立場であったならば、どれほど不本意な心境になるだろうかと考えたのです。

大学で環境問題を研究してきたにもかかわらず、会社の辞令一枚で、もし鉱山に配属になったら、いったい自分はどうするだろうかと考えたのです。

自分は、そうした境遇で、どのような心境で歩んでいくだろうかと考えたのです。

M君の言う心境も理解できる気持ちになりました。

しかし、なぜかそのとき、突然、
自分のこころの奥からこみあげてきた思いがありました。
そして、気がつけば、その場を支配していた沈黙を押し破るように、
M君に対して、話し始めていました。

「たしかに、君の言うとおりだと思う。
もし、逆に、自分が辞令一枚で鉱山に行かされたならば、
きっと、しばらくは落ち込むだろうと思う。
しかし、もし、それが受け入れなければならない現実であるならば、
自分は、落ち込んだままではいないと思う。
それが鉱山であろうとも、どこであろうとも、
かならず人間がいる。そして、職場の仲間がいる。
人間がいて、仲間がいるかぎり、きっとそこには夢がある。かならず夢がある。
だから、自分は、もし鉱山に行かされたとしても、
そこで夢を語りはじめると思う。その夢を花咲かせようとすると思う。
そして、もし、その鉱山からまた別のところへ行かされたら、
おそらく、そこでも同じことをすると思う。
飛ばされたところで花を咲かせようとするだろう。
我々は、タンポポだ。
どこかに飛ばされたら、そこでまた、大きな花を咲かせればよい。
自分は、そう思う」

そう話し終え、我に返りました。
思わず夢中になって話してしまいました。
その場にいた職場の仲間たちは、みな黙って聞いてくれていました。
しかし、その話を聞き終わっても、M君は何も言おうとしません。
元来、寡黙《かもく》なタイプのM君が、さらに黙してしまったのです。
彼が、自分の話を理解してくれたのかどうかは、わかりませんでした。
むしろ、私は、その沈黙のなかで、自問自答をしていました。
さきほど思わず語ってしまった自分の言葉に対して、自問自答していたのです。

「自分は、本当に、そんな生き方ができるのだろうか。
ある日、まったく違った世界に飛んでいって、
そこでまた、タンポポのように花を咲かせることができるのだろうか。
本当に、そんな生き方ができるのだろうか」

そうした自問自答でした。私は、さきほどの自分の言葉をとがめるような思いで、
こころのなかでその問いを繰り返していました。

若手社員の夢を掲げて

しかし、私は素晴らしい仲間に恵まれていました。
このときの議論を機に、何かが変わりはじめたからです。
その場に集まっていた若手社員たちが、
ありがたいことに、気持ちをひとつにして
「環境技術に関するリーディング・カンパニー」をめざして
歩み始めてくれたのです。
私たちは、毎日、夜遅くまで残って議論をしながら、
「事業部一〇年計画」などというビジョンをつくりました。
もちろん、いま振り返れば、そのビジョンは戦略性においても、
計画性においても、恥ずかしいかぎりの内容だったと思うのですが、
何よりも成果であったのは、職場の仲間が気持ちをあわせて、
ひとつの「夢」を描いたことだったと思います。
そして、私たちは、そのビジョンにもとづいて、

一つひとつのプロジェクトを実現していきました。

とはいえ、そのビジョンにもとづいて私たちが顧客に提案したプロジェクトは、日本では経験のない初めてのプロジェクトが多かったこともあり、いつも手探りで工夫をしながら進めていくものでした。

したがって、その実施においては、苦労も多かった反面、一人ひとりのメンバーにとっては、学ぶことの多いプロジェクトでした。

そして、私たちは、そうしたプロジェクトを積み重ねながら、すこしずつ「夢」を実現していったのです。

「環境技術に関するリーディング・カンパニーになる」という「夢」です。

しかし、そうしたプロジェクトを実施していくとき、最も頼りになったのは、実は、M君でした。

あのとき、私の語る夢に対して、最も冷めた意見を語ったM君でした。

彼は仕事において実に信頼できる仲間でした。

人間的な誠実さ、責任感の強さ、仕事の速さと正確さ、いずれをとっても本当に頼りになる仲間でした。

だから、それからの何年か、彼と一緒に取り組んだプロジェクトは、いずれも納得できる良いプロジェクトができたと思っています。

しかし、その当時、M君や私を含めた職場の仲間が気持ちをひとつにして、いろいろな挑戦的プロジェクトに取り組み、顧客からも高い評価を得ることができたのは、もちろん、私たちだけの努力ではありませんでした。

いま振り返れば、やはり、優れた上司に恵まれたからであると思っています。

たとえば、そのことについて、私のこころに残っている思い出があります。

ロートルの夢を語る部長

私たちの職場の若手社員が「事業部一〇年計画」なるものをつくり、「この会社を環境技術に関するリーディング・カンパニーにしよう」というビジョンを掲げて活動を始めたころのことです。

折に触れて「事業部の将来ビジョン」を語り、あちこちで「若手社員の夢」を語り続ける私のところに、ある部長がやってきたのです。

その部長は、私よりも二〇歳近く年齢が上の部長でしたが、
私にこう言うのです。
「君は、よく『若手社員の夢』と言うが、忘れないでもらいたい！
我々ロートルにも『夢』があるんだ！
若手社員だけが『夢』を持っているわけではないんだ！」
たまたま社内パーティのあとでもあり、すこし酒に酔っている風情のこの部長に、
私は厳しく叱られたのですが、叱られながら、とても嬉しかったことを
おぼえています。
この部長の発言のように、若手社員だけでなく、中堅社員も、中間管理職も、
そして、部長以上の上席者も、みな「夢」を持っている職場でした。
私は、叱られながらも、こころのなかで、
「良い職場に恵まれた……」と感じていました。
ちなみに、この職場がこうした「夢多き職場」であったのは、
その当時、この事業部を率いていた専務の人間力によるものが

大きかったと思っています。
なぜならば、この専務自身が、つねに「夢」を語り続ける方だったからです。
そして、そうして「夢」を語り続けられたこの専務は、
私たちに「夢」を与えてくれただけでなく、それから一〇年あまり後、
この会社の経営トップになり、
いまは全社員に対して「夢」を語り続けられています。
そのことを思うと、私が縁を得た職場は、いま振り返っても、
多くの尊敬できる上司、共感しあう仲間に恵まれた
素晴らしい職場だったと思います。

五年目のメッセージ

しかし、そうして歳月が流れ、五年あまり経ったときのことでしょうか。
このM君が、政府の外郭団体へ出向することになったのです。
やはり会社からの辞令でした。
私の所属する事業部は、出向者や、転属者、退職者などに対しては、

事業部のメンバー全員が参加する送別会を行うことが習慣でした。

したがって、このM君を始めとする何人かの出向者、転属者、退職者に対する立食パーティでの送別会が、ある日、行われました。

そのパーティがたけなわになったころ、これもやはり恒例の、出向者、転属者、退職者からのあいさつが行われたのです。

酒の席がたけなわになったころのことです。

一人ひとりがあいさつをするとはいっても、その場のメンバーは三々五々に雑談をしながら、あいさつに耳を傾けるといった雰囲気のものです。

私も、隣にいた上司から話しかけられる雑談にあいづちを打ちながら、あいさつに耳を傾けていました。

そして、M君のあいさつです。

礼儀正しい彼のあいさつがはじまりました。

しかし、それまで、横から話しかけてくる上司にあいづちを打っていた私の耳に、ある言葉が飛び込んできたのです。

「タンポポ」

その言葉が飛び込んできたのです。

私は、思わず彼を見ました。彼は、二〇〇名あまりもいる会場のなかで、壇上から私を見つめ、次のように話していたのです。

「これから政府の外郭団体へ出向しますが、そこで、タンポポのように花を咲かせてきたいと思います……」

私は、胸が一杯になりました。

彼は、五年前の、私の話を受け止めてくれていたのです。

本当に、良い仲間に恵まれたと思いました。

そして、こうした素晴らしい仲間に恵まれたことへの、感謝に満たされました。

それから二年後、M君は、出向先での高い評価を残し、その職場の仲間との強い絆《きずな》を結んで戻ってきました。

見えてきた新たな夢

そして、一九九〇年の春。さらに、それから四年後のことです。
私は、思うところあって、九年間お世話になったその会社を退職しました。
新しくゼロからスタートする日本総合研究所で、
シンクタンクという新しい仕事に身を投じてみたかったからです。
しかし、それは、それまで勤めていた会社の仕事に
不満があったからではありません。
仕事にはとても満足していました。
その会社での九年間は、良い上司と仲間に恵まれ、
本当にやりがいのある仕事をさせてもらったと思っています。
そして、ひとりの職業人としても、ひとりの人間としても、
大きく育ててもらったと思っています。
だから、いまも、感謝の気持ちは尽きません。
それほど恵まれた境遇であったにもかかわらず、その会社を飛び出して

シンクタンクという新しい仕事に取り組んでみたいと思ったのは、どうしても実現してみたい「新たな夢」が、こころのなかに芽生えてきたからです。

「日本に、まったく新しいタイプのシンクタンクを創ってみたい」


そうした新たな夢をこころに抱いたからです。

そして、そうした新たな夢をこころに抱いたのは、かつて九年前に抱いた夢が実現したと感じ始めたからでした。

一九八一年にこの会社に入社するとき、「この会社を、環境技術に関するリーディング・カンパニーにしよう」という夢を抱きました。

そして、その夢は、文字どおり無我夢中で歩んだ九年間に実現できたと思っています。

もちろん、その夢が実現したのは、私ひとりの力ではありません。

何よりも、素晴らしい職場の上司や仲間に恵まれ、こころをひとつにしてその夢を追い求めてきたからこそ、実現できたのだと思っています。

しかし、夢というものは限りがないのでしょうか。

ひとつの夢を実現すると、新たな夢が見えてくるのです。

それが、「日本に、まったく新しいタイプのシンクタンクを創ってみたい」という夢でした。

それは、一九八七年から一九八八年まで、米国のシンクタンクであるバテル記念研究所で働いたことが、私の気持ちに大きな影響を与えた結果でもありました。

だから、その新たな夢を求めて、それまで九年間勤めた会社を退職しました。

もちろん、ひとつの夢を追い求め、九年の歳月をともに歩んだ職場の仲間と別れることには、寂しさはありました。

しかし、その寂しさよりも、新たな夢を求めて歩むことによって、さらに大きく成長したいという気持ちが、最後には勝りました。

私は、そのとき、まだ三八歳の若さでした。

「四〇歳になる前に、もう一度、苦労をしてみたい」

それが正直な心境でした。だから、あえて愛着のある会社を退職したのです。

その私のわがままを聞いてくれた職場の上司と仲間たちには、いまも深く感謝しています。

そして、退職の日、二月二八日がやってきました。

九年前の約束

机をかたづけ、関係部署やお世話になった人々に最後のあいさつを済ませ、会社を出る時間がきました。

私は、M君に社内電話をかけました。

「君に見送ってもらいたいのだが……」

彼は、黙って、会社の玄関まで見送りに来てくれました。

彼と交わした最後の会話は、いまも忘れません。

「君のおかげで、いい夢を実現させてもらったよ……。ありがとう。お互いにもっと大きく成長して、いつか、また一緒に、大きな花を咲かせよう……」

その私の言葉に、彼は何も言いませんでした。

けれども、彼の目が伝えてきました。

「九年前の約束どおり、新しい場所で、タンポポのように花を咲かせろよ……」

その彼の無言のメッセージが、日本総研という会社における、それからの一〇年間の私の歩みを支えてくれました。

誰にも語らなかったこのエピソードを、いま、皆さんに語るのは、
私のこころのなかで、一〇年の歳月を経て、
彼との約束を果せたかなと思うからでしょうか……。

私は、日本総研という職場においても、ふたたび、
尊敬できる上司と共感しあえる仲間に恵まれ、ささやかながら、
タンポポの花を咲かせることができました。

もうひとつの作品

長いエピソードになってしまいました。
すこしばかり、私の思いがあふれてしまったようです。
でも、私がこのエピソードをお話ししたのは、
決して、皆さんを私の感傷につきあわせるためではありません。
大切なことを考えていただきたかったからです。

仕事の作品とは何か。

そのことを考えていただきたかったからです。
もちろん、すでに述べたように、
「顧客にとどける商品やサービスこそが、我々の仕事の作品である」
という思想は、ある意味で正しいと思います。
しかし、私は、そうした作品以外に、
仕事には、もうひとつの作品があると思うのです。
それは何でしょうか。

「職場の仲間」です。

「職場の仲間」そのものが、ある意味で、
仕事におけるもうひとつの作品なのではないでしょうか。

顧客が満足する商品やサービス。

それは、たしかに、仕事を通じて私たちが創りあげていくべき大切な作品だと思います。
しかし、同時に、
もうひとつの作品を忘れてはならないでしょう。

夢と共感にあふれた職場の仲間。

それもまた、仕事を通じて私たちが創りあげていくべき「かけがえのない作品」なのではないでしょうか。

「永遠の一瞬」のアート

しかし、この「職場の仲間」という作品には、
「商品やサービス」という作品との、大きな違いがあります。

それは何でしょうか。

名前も形も残らない作品である。

そのことが、「職場の仲間」という作品と、
「商品やサービス」という作品との大きな違いです。

たしかに、「顧客が満足する商品やサービス」は、
その評判とともに名前も形も残っていきます。
特に、それが優れた商品やサービスであればあるほど、
その名前は、ひとつの伝説として、長く人々のこころに残っていきます。
そして、それが土木や建築の分野の作品であるならば、
長く歴史のなかに形として残っていきます。

それに対して、「夢と共感にあふれた職場の仲間」という作品は、
決して名前も形も残りません。
時が過ぎ、その仲間たちが、ひとり、またひとりと
人生の舞台から去っていったとき、

すべては、忘却の彼方に消え去っていきます。

かつて、深い縁に導かれ、あるひとつの職場に人々が集まったこと。
それらの人々が、こころをあわせて大きな夢を描いたこと。
その夢を実現するために、力をあわせて困難な仕事に取り組んだこと。
そうした仕事を通じて、それらの人々が、
互いに理解しあい、共感しあう「仲間」になっていったこと。
そして、その職場において、一人ひとりが仕事の喜びを見出し、
職業人として、人間として、大きく成長していったこと……。

そうしたことなど、いつの日か、
誰も思い出すことのないときがやってくるのです。
そして、すべては、忘却の彼方に消え去っていくのです。
すべては、忘れ去られていく……。

しかし、私は、思います。

だから、素晴らしいのではないでしょうか。

だからこそ、この「夢と共感にあふれた職場の仲間」という作品が、かけがえのない素晴らしい作品なのではないでしょうか。

名前も形も残すことなく消え去っていく作品。

おそらく、それは「永遠の一瞬」の作品なのです。

「永遠の一瞬」のアートといってよい作品なのです。

宇宙の歴史や地球の歴史、そして人類の歴史に比べれば、ほんの「一瞬」に過ぎないほどの短い時間のなかで、精一杯にいのちを燃やして生きていく人々。

それらの人々の人生は、誰の人生であろうとも、まぎれもなく「永遠の一瞬」と呼ぶべき作品にほかなりません。

そして、それらの人々が縁あって集い、
互いに支えあいながら精一杯に成長していく歩みもまた、
「永遠の一瞬」と呼ぶべき作品にほかなりません。

だから、私たちは、仕事に取り組むとき、
もうひとつの作品を忘れてはならないのです。

私たちの歩みが残す「職場の仲間」という作品を
決して忘れてはならないのです。

第十話

未来

後生を待ちて今日の務めを果たすとき

夢を実現するのは誰か

さて、最後の第十話となりました。
このシリーズ・トークの最後に、ある意味で最も大切な話をしましょう。
それは、次のテーマです。

夢が破れたら、どうするか。

そのことを考えてみたいと思います。
私は、第一話から一貫して、夢の大切さを話してきました。
夢を描き、夢を語ることによって成長していくことの大切さ。
若き日に夢を語りあった友人を持つことの大切さ。
職場の仲間とともに夢を描き、力をあわせて歩んでいくことの大切さ。
そうした話をしてきました。
しかし、そのなかでも、特に力を込めて申し上げたのは、

「本気で夢を実現しようとして歩むこと」の大切さでした。
「一生懸命に夢を実現しようとして歩むこと」の大切さでした。
その本気さや一生懸命さがなければ、私たちは、たとえ夢を描いても、単なる「夢想家」になってしまい、ひとりの人間として成長していくことはできないからです。

しかし、こうした私の話を聞かれて、皆さんのなかに、次のような疑問を持つ方がいらっしゃるのではないでしょうか。

「しかし、どれほど本気で夢を実現しようとしても、どれほど一生懸命に夢を実現しようとしても、その夢がかならず実現するわけではないだろう。その夢が破れることもあるだろう。そのとき、我々は、どうすればよいのだろうか」

そうした疑問です。

しかし、私は、皆さんのそうした疑問に対して、逆に、
ひとつの問いを提出しておきたいのです。

その夢を実現するのは、いったい誰か。

その問いを提出しておきたいのです。
そして、その問いを考えていただくために、最後に、
私が若き日に観た映画のエピソードを紹介しておきたいと思います。

魂の言葉

それは、『カッコーの巣の上で』というアメリカの映画です。
ケン・キージー原作の小説にもとづいてつくられたこの作品は、
一九七五年度のアカデミー作品賞や主演男優賞など
五部門を受賞した映画ですが、
当時の私たち若者のこころを打った作品でした。

この映画の舞台は、精神病院です。

そして、この精神病院を舞台とすることによって、私たちの生きている「管理社会」とでも呼ぶべき閉塞《へいそく》した社会を象徴した作品でした。

物語は、ある日、ジャック・ニコルソン演じるアウトローの若者ランドル・マクマーフィー（マック）が、この精神病院に収容されるところから始まります。

情熱あふれるマックは、この精神病院の院長たちの徹底的な管理主義に反発します。

そして、その管理主義によって、夢も希望もなく、ただ去勢された羊のように生きている患者たちに同情します。

彼らを何とか自由にしてあげたいと考えるのです。

ある日、マックは、大勢の患者たちに対して語りかけます。

「こんな病院から逃げ出そう」と呼びかけるのです。

しかし、患者たちの反応は、冷めています。

窓にかかっている鉄格子を指差して、

「こんな頑丈な鉄格子のある窓から、どうやって逃げ出せるんだ……」

という冷ややかな反応を示すのです。

しかし、それを見たマックは、こう言い放ちます。

「そこにある石の水飲み場を持ち上げて、
窓の鉄格子に向かって投げつければいい。
そうして、鉄格子を打ち壊して、逃げよう！」

そう言ったのです。

しかし、患者たちの反応は、

「そんなこと、できるわけがないだろう」という無気力なものです。

そこでマックは、その石の水飲み場につかつかと歩いていきます。

そして、その水飲み場にしがみつき、それを本気で持ち上げようとするのです。

患者たちは、「あんな重い石が本当に持ち上がるだろうか」と注目しています。

その注視のなかで、マックは、凄《すさ》まじい形相でその石を持ち上げようと力を振り絞ります。
その全身から発する鬼気《きき》迫るエネルギーに、患者たちは、
「彼は、本当に持ち上げるのではないだろうか！」と思います。
しかし、そのとき、マックの力は尽きてしまいます。
結局、彼は、その石の水飲み場を一ミリも動かすことができなかったのです。
しかし、彼は、荒々しく息を切らしながら患者たちのところに戻ってきて、
誇りを持って言うのです。

I couldn't！
But I tried！

俺は、敗れ去った！
だが、俺は、挑戦した！
そうした魂の言葉を、彼は、患者たちに語ったのです。

この物語は、それからあと、悲劇へと展開していきます。
病院の管理主義に徹底的に反抗するマックに対して、
病院は、最後の手段に出ます。
彼を強制的に「ロボトミー」するのです。脳の一部を切除する手術です。
そして、そのため、マックは、文字どおり「生ける屍《しかばね》」となって、
患者たちのところに戻ってくるのです。
マックは、管理社会との戦いに、敗れ去ったのです。

しかし、このマックの語る魂の言葉に耳を傾け、
その全身全霊を込めた行動を見つめていたひとりの患者がいました。
皆からチーフと呼ばれる大男のインディアンです。
彼は、自由を求めて戦い、その戦いに敗れ、
「生ける屍」にされてしまったマックを抱きしめ、つぶやきます。

「一緒に行こう……」

そして、彼は、「生ける屍」となったマックの命を奪うのです。
しかし、チーフは、マックの命を奪ったあと、あの石の水飲み場へ行きます。
そして、かつてマックが描き、そして果たし得なかった夢を実現します。
彼は、渾身《こんしん》の力でその石の水飲み場を持ち上げ、
そして、それを窓に投げつけるのです。
彼ら患者たちを閉じ込めていた鉄格子と窓は壊れ、
その外には自由な世界が広がっています。
外に広がる野原に向かって、チーフが走り去っていく後ろ姿が、
映画のラストシーンでした。

何を恐れるべきか

私は、若き日に、この『カッコーの巣の上で』という映画を観ました。
そして、それからの人生を歩んでいくために大切なことを学びました。
それは、「夢が破れる」ということを、決して恐れる必要はないということです。

なぜならば、この映画を観て、私は、
ひとつのことを信じられるようになったからです。

たとえ自分が、その夢を実現できなくとも、
いつか誰かが、その夢を実現する。

そのことを、素朴に信じられるようになったからです。
この映画は、私に、そのことを教えてくれました。
たしかに、主人公のマックは
「自由」という夢を実現することなく死んでいきました。
しかし、その夢を受け継いだチーフが、
マックが成し得なかったことを成し遂げ、マックの夢を実現したのです。
そのマックとチーフの姿を通じて、
この映画は、ひとつの大切なメッセージを、私たちに伝えてくれます。
私たちは、「夢が破れる」ということを、決して恐れる必要はない。

もし、私たちが、本気で夢の実現を信じ、力を尽くして歩むならば、たとえ自分がその夢を実現できなくとも、いつか誰かがその夢を実現する。

そのメッセージです。

そして、このメッセージは、人生の困難に直面し、ときに「所詮《しょせん》、夢などかなわぬものだ」という無力感に包まれそうになる私たちを、力強く励ましてくれます。


しかし、理解しておくべきことがあります。

このメッセージの最も大切な部分は、

「本気で夢の実現を信じ、力を尽くして歩む」ということにあるのです。

なぜならば、あのチーフが、マックの夢を受け継ぎ、その夢を実現したのは、マックが本気で夢の実現を信じ、力を尽くして歩んだからです。

マックが、あの石の水飲み場を動かそうと考え、それを動かせると本気で信じ、そして、それを動かすために力尽きるまで悪戦苦闘したからです。

そして、その姿を、チーフが見つめていた。

だから、チーフは、マックの夢を受け継ぎ、それを実現したのです。

本気で夢の実現を信じ、力を尽くして歩むこと。

何よりも、そのことの大切さを、そして困難さを、

あの映画は教えてくれているのです。

だから、もし、夢を描く私たちが恐れるべきものがあるとするならば、それは、

「夢が破れる」ということではありません。

そうではありません。

私たちが恐れるべきは、

「力を尽くさぬ」ということなのです。

静かな覚悟

もとより、この人生とは、かならずしも描いた夢が実現する世界ではありません。

本気で描き、懸命に求めた夢が破れることは、たしかに、ある。
どれほど本気で夢を描こうとも、どれほど懸命に夢を求めようとも、
それがかなわぬことは、ある。
そして、その夢が実現するか、破れるかは、
ときに、「天の声」とでも呼ぶべき、
一瞬の配剤によって決まってしまうときすらあるのです。
私たちが、この一回かぎりの命を燃やして歩む人生とは、そうした世界です。

だから、夢を描く私たちに問われるものは、
「その夢を実現したか」ではありません。

私たちに問われるものは、
「その夢を実現するために、力を尽くして歩んだか」ということなのです。

問われていることは、そのことだけなのです。

だから、私たちは、夢が破れることを恐れる必要はない。
それを恐れることなく、大きな夢を描けばよい。
その夢の実現を、こころの底から信じればよい。
そして、力を尽くして歩めばよい。

そして、力を尽くして歩んだあと、
私たちがなすべきことは、ただひとつ。

未来に思いを馳せることです。

我々が去った後、いかなる夢が花開くのか。

その問いを胸に、未来に思いを馳せることです。

そして、力を尽くして歩み、未来に思いを馳せるとき、
私たちのなかには、祈りのごとき覚悟がやってくる。

我々は、後生を待ちて、今日の務めを果たすだろう。

その覚悟が、静かにやってくるのです。

謝辞

まず、PHP研究所の中村由紀人氏、加納新也氏、越智秀樹氏に
感謝します。この方々の情熱が、この書を世に出しました。

また、青春時代をともに歩んだ友人たちに感謝のメッセージを送ります。
あなたがたとの出会いが、いまも、私の成長を支えてくれています。
そして、あなたがたの無言の励ましが、
あのころの思いを失わせることなく、三〇年の歳月を歩ませてくれました。
いつの日か、山の頂上でふたたび巡り会うことを祈っています。

そして、これまで仕事をともにしてきた職場の仲間たちにも
感謝のメッセージを送ります。
また、いつか、タンポポのようにどこかへ飛んでいくかもしれません。
しかし、また、そこで巡り会った仲間と、花を咲かせます。
それが、あなたがたとの約束です。

いつものように温かく執筆を見守ってくれた家族、
須美子、誓野、友に感謝します。
私たち家族も、互いに成長を支えあって歩んできました。

最後に、すでに他界した父母に、本書を捧げます。
後生を待ちて、今日の務めを果たすだろう。

この言葉は、お二人の祈りでもありました。
いま、私の果たしている務めは、
お二人の、その祈りに導かれています。

一九九九年九月一二日

田坂広志

「人生」を語る

『未来を拓く君たちへ』(PHP研究所)
『人生の成功とは何か』(PHP研究所)
『人生で起こること　すべて良きこと』(PHP研究所)
『逆境を越える「こころの技法」』(PHP研究所)
『すべては導かれている』(小学館、PHP研究所)
『運気を磨く』(光文社)
『運気を引き寄せるリーダー　7つの心得』(光文社)

「仕事」を語る

『なぜ、働くのか』(PHP研究所)
『仕事の報酬とは何か』(PHP研究所)

「成長」を語る

『知性を磨く』(光文社)　『人間を磨く』(光文社)
『直観を磨く』(講談社)　『能力を磨く』(PHP研究所)
『成長の技法』(PHP研究所)
『人は、誰もが「多重人格」』(光文社)
『成長し続けるための77の言葉』(PHP研究所)
『知的プロフェッショナルへの戦略』(講談社)
『プロフェッショナル進化論』(PHP研究所)

「技法」を語る

『なぜ、時間を生かせないのか』(PHP研究所)
『仕事の技法』(講談社)
『意思決定 12の心得』(PHP研究所)
『経営者が語るべき「言霊」とは何か』(東洋経済新報社)
『ダボス会議に見る世界のトップリーダーの話術』(東洋経済新報社)
『企画力』(PHP研究所)　『営業力』(ダイヤモンド社)

主要著書

「思想」を語る

『死は存在しない』(光文社)
『生命論パラダイムの時代』(ダイヤモンド社)
『まず、世界観を変えよ』(英治出版)
『複雑系の知』(講談社)
『ガイアの思想』(生産性出版)
『使える弁証法』(東洋経済新報社)
『自分であり続けるために』(PHP研究所)
『叡智の風』(IBCパブリッシング)
『深く考える力』(PHP研究所)

「未来」を語る

『田坂広志 人類の未来を語る』(光文社)
『未来を予見する「5つの法則」』(光文社)
『目に見えない資本主義』(東洋経済新報社)
『これから何が起こるのか』(PHP研究所)
『これから知識社会で何が起こるのか』(東洋経済新報社)
『これから日本市場で何が起こるのか』(東洋経済新報社)

「経営」を語る

『複雑系の経営』(東洋経済新報社)　『暗黙知の経営』(徳間書店)
『なぜ、マネジメントが壁に突き当たるのか』(PHP研究所)
『なぜ、我々はマネジメントの道を歩むのか』(PHP研究所)
『こころのマネジメント』(東洋経済新報社)
『ひとりのメールが職場を変える』(英治出版)
『まず、戦略思考を変えよ』(ダイヤモンド社)
『これから市場戦略はどう変わるのか』(ダイヤモンド社)

著者情報

田坂塾への入塾

思想、ビジョン、志、戦略、戦術、技術、人間力という
「7つの知性」を垂直統合した
「21世紀の変革リーダー」への成長をめざす場
「田坂塾」への入塾を希望される方は
下記のサイト、もしくは、メールアドレスへ

http://hiroshitasaka.jp/tasakajuku/
（「田坂塾」で検索を）
tasakajuku@hiroshitasaka.jp

田坂塾大学への訪問

田坂広志の過去の著作や著書、講演や講話をアーカイブした
「田坂塾大学」は、広く一般に公開されています。訪問は、下記より

http://hiroshitasaka.jp/tasakajuku/college/
（「田坂塾大学」で検索を）

「風の便り」の配信

著者の定期メール「風の便り」の配信を希望される方は
下記「未来からの風フォーラム」のサイトへ

http://www.hiroshitasaka.jp
（「未来からの風」で検索を）

講演やラジオ番組の視聴

著者の講演やラジオ番組を視聴されたい方は
「田坂広志　公式チャンネル」のサイトへ
（「田坂広志　YouTube」で検索を）

著者略歴

田坂広志（たさかひろし）

1951年生まれ。1974年、東京大学工学部卒業。
1981年、東京大学大学院修了。工学博士（原子力工学）。
同年、民間企業入社。
1987年、米国シンクタンク、バテル記念研究所客員研究員。
同年、米国パシフィック・ノースウェスト国立研究所客員研究員。
1990年、日本総合研究所の設立に参画。
10年間に、延べ702社とともに、20の異業種コンソーシアムを設立。
ベンチャー企業育成と新事業開発を通じて
民間主導による新産業創造に取り組む。
取締役・創発戦略センター所長等を歴任。現在、同研究所フェロー。
2000年、多摩大学大学院教授に就任。社会起業家論を開講。現名誉教授。
同年、２１世紀の知のパラダイム転換をめざす
シンクタンク・ソフィアバンクを設立。代表に就任。
2005年、米国ジャパン・ソサエティより、日米イノベーターに選ばれる。
2008年、ダボス会議を主催する世界経済フォーラムの
Global Agenda Councilのメンバーに就任。
2009年より、ＴＥＤメンバーとして、毎年、ＴＥＤ会議に出席。
2010年、ダライ・ラマ法王14世、デズモンド・ツツ元大主教、
ムハマド・ユヌス博士、ミハイル・ゴルバチョフ元大統領ら、
４人のノーベル平和賞受賞者が名誉会員を務める
世界賢人会議・ブダペストクラブの日本代表に就任。
2011年、東日本大震災と福島原発事故に伴い、内閣官房参与に就任。
2013年、思想、ビジョン、志、戦略、戦術、技術、人間力という
「７つの知性」を垂直統合した
「２１世紀の変革リーダー」への成長をめざす場、「田坂塾」を開塾。
現在、全国から7700名を超える経営者やリーダーが集まっている。
2021年、田坂広志の過去の著作や著書、講演や講話をアーカイブした
「田坂塾大学」を開学。広く一般に公開している。
著書は、国内外で100冊余。海外でも旺盛な出版・講演活動を行っている。

本書をお読み頂き、有り難うございました。
このご縁に感謝いたします。

お時間があれば、
本書の感想や著者へのメッセージを、
お送り頂ければ幸いです。

下記のＱＲコードから、
メッセージを、お送りください。

毎日、数多くの読者の方々から、
メッセージを頂きますので、
すべての方に返信は差し上げられませんが、
小生が、必ず、拝読いたします。

田坂広志　拝

この作品は、1999年12月にPHP研究所より刊行された
『仕事の思想』を、新装刊として新たに刊行したものです。

PHP文庫　仕事の思想
なぜ我々は働くのか

2003年9月17日　第1版第1刷
2023年6月6日　第1版第27刷

著　者　田坂広志
発行者　永田貴之
発行所　株式会社ＰＨＰ研究所
東京本部　〒135-8137 江東区豊洲5-6-52
ビジネス・教養出版部　☎03-3520-9617(編集)
普及部　☎03-3520-9630(販売)
京都本部　〒601-8411 京都市南区西九条北ノ内町11
PHP INTERFACE　https://www.php.co.jp/
制作協力
組　版　株式会社PHPエディターズ・グループ
印刷所
製本所　図書印刷株式会社

ISBN978-4-569-66015-8

田坂広志の本

成長の技法

成長を止める七つの壁、壁を越える七つの技法

田坂広志 著

なぜ、優秀な人ほど、成長が壁に突き当たるのか？ 永年に渡って、多くのプロフェッショナルを育ててきた著者が語る、成長論の決定版。眠れる才能が、目覚める一冊。

田坂広志の本

能力を磨く

AI時代に活躍する人材「3つの能力」

田坂広志 著

近い将来やってくる「AI失業」の嵐。その危機に備え、AIに淘汰されない「3つの能力」を身につけ、磨く方法を、具体的に教える。嵐の時代を前に、必読の一冊。

田坂広志の本

すべては導かれている

逆境を越え、人生を拓く　五つの覚悟

田坂広志　著

いかなる逆境においても、この五つの覚悟を定めるならば、必ず、逆境を越える力と叡智が湧き上がり、強い運気を引き寄せる。生死の体験を通じて掴んだ、迫真の思想。